AF366246

L'ANCIEN

ET LE

NOUVEAU PARIS.

Dieux ! si j'allais troubler son sommeil !

L'ANCIEN

ET LE

NOUVEAU PARIS,

OU

ANECDOTES GALANTES

ET SECRÈTES;

PROPRES à peindre nos mœurs passées et présentes.

Avec Figures.

Ouvrage Publié par P. J. B. Nougaret.

TOME II.

A PARIS,

Chez L'Auteur, rue des Petits-Augustins, n°. 9, vis-à-vis celle des Marais, F. Germain ; et chez tous les Marchands de Nouveautés.

L'AN VII DE LA RÉPUBLIQUE.

L'ANCIEN

ET LE
NOUVEAU PARIS,

OU

ANECDOTES GALANTES
ET SECRÈTES.

LE STRATAGÉME
INNOCENT.

ANECDOTE TRENTE-QUATRIÈME.

LA MARQUISE de Saint-Fal n'avait pu se défendre d'ouvrir son cœur à l'amour en faveur du duc de la Torade : mais comme elle ne se permettait rien de contraire à son devoir ; que leur union n'était qu'un pur commerce d'amitié, un peu plus vif à la vérité, elle pensait que son mari n'avait aucun reproche à lui faire, et ne se croyait pas moins du petit nombre des femmes vertueuses. Dans cette persuasion, elle écrivait avec sécurité des lettres fort tendres à son amant, et se permettait même de passer des demi-journées tête-à-tête avec lui. Cette innocente liaison n'aurait peut-être pas tardé à changer de nature, si la jalousie de l'époux ne l'avait troublée fort à propos. Il s'inquiéta des allées et venues des émissaires d'une intimité qui lui parut trop vive. Afin de savoir ce qu'il en devait penser, il guetta le laquais que sa femme chargeait de ses galantes missives, et lui enleva celle qu'il portait. Il n'y vit rien de bien dangereux pour son front ; mais sa jalousie étant au comble, il fallut qu'elle éclatât par une explosion terrible. Il courut à l'appartement de son épouse, tenant d'une main un pistolet, de l'autre un verre rempli d'une liqueur claire et verdâtre. — « Vous êtes une perfide, s'écria-t-il ; je n'ignore point ce qui se passe entre vous et le duc. Choisissez de quel genre de mort vous voulez mourir, et dépêchez-vous. » — La marquise eut beau protester de son innocence, et tomber aux genoux de son mari en versant un torrent de larmes, en attestant le Ciel ; il fut inexorable, et menaçait dé lui brûler la cervelle si elle ne se décidait promptement. Enfin, cette infortunée, voyant qu'elle ne pouvait attendre ni secours ni pitié, se résolut à préférer courageusement le fatal breuvage. Mais dès qu'elle en eut bu la moitié, le barbare marquis lui arracha le vase des mains, et avala le reste de la liqueur, en disant : — « Je ne veux pas que vous mouriez seule, je vais vous suivre dans l'autre monde, pour vous y reprocher éternel-

A 2

lement votre infidélité. » — La marquise, demi-mourante, jura que sa vertu était intacte, et demanda pour dernière grâce, de lui faire venir un confesseur, et d'envoyer chercher son père et sa mère, afin qu'elle eut la consolation de les voir avant de mourir. Tout cela lui fut accordé. Qu'on se représente la douleur des auteurs de ses jours en trouvant toute la maison en alarmes, et leur malheureuse fille presque à l'agonie ; les horreurs de la mort étaient déjà peintes sur son visage. Le mari, étendu sur un lit auprès d'elle, paraissait dans un grand accablement. Tandis que ce triste spectacle plongeait tout le monde dans la consternation, le confesseur songeait à remplir son affligeant et consolant ministere. La marquise, devenue très-dévote dans ces momens douloureux, voulut se confesser à haute voix, pour la consolation de ses parens, et l'honneur de sa mémoire. Elle commença par débiter toutes les menues pécadilles en usage chez les femmes, telles que médisances, coquetterie, etc. Le mari, fort attentif à ce récit, n'entendant point parler des péchés qu'il avait tant redoutés, ne put s'empêcher d'en montrer de la joie, et dès que son épouse eut reçu l'absolution, il se retourna vers son beau-père : — « Essuyez vos larmes, lui dit-il ; je suis ravi d'avoir connu l'innocence de votre fille dans un moment où la dissimulation n'a plus lieu. Elle m'a donné assez de chagrin pour qu'elle doive me pardonner la peur que je lui ai faite : elle n'a bu avec moi que la moitié d'un verre de limonade. » — La marquise, dont l'imagination vivement affectée lui avait fait éprouver tout ce qu'on ressent aux approches de la mort, ne sut pas plutôt que ses terreurs étaient paniques, que sa santé se rétablit tout-à-coup ; en sorte que cette scène finit beaucoup plus agréablement qu'elle n'avait commencé.

A 3

Les prestiges de la Toilette.

ANECDOTES XXXV ET XXXVI.

QU'ON a eu raison de dire que la toilette opère d'étranges métamorphoses, et qu'une femme, au sortir de son lit, est souvent différente d'elle-même ! Je ne citerai point en preuve ce qu'on raconte d'un étranger qui rencontra une dame charmante au bal de l'hôtel de Richelieu ; il en obtint un rendez-vous pour le lendemain matin ; s'y étant rendu de trop bonne heure, à l'instant que madame venait de quitter la plume oiseuse, il ne s'étonna nullement d'être reçu par une figure maigre et décrépite : il la pria de le faire parler à *mademoiselle sa fille*.

Je vais entretenir mes lecteurs d'une histoire plus singulière et plus plaisante. Certain Bas-Normand , grand amateur de procès, cela va sans dire , se donna la peine de venir, en 1780 , à Paris pour acheter une charge assez importante, et eut la satisfaction d'y trouver une charge en se mariant, et le sujet d'un bon procès. Il eut occasion de rencontrer dans une société où il était admis , une demoiselle qui lui parut jeune , bien faite, douée des plus belles couleurs, des dents d'une blancheur éclatante, d'une chévelure blonde et bien fournie. Tant de charmes firent une vive impression sur son cœur, et il fut comblé de joie , quand un procureur de ses amis lui apprit qu'il était parent de cette personne qu'il trouvait si intéressante , et qui était fille d'un greffier au parlement , dont la charge serait cédée à son gendre. Il s'étonna moins alors de la simpathie qu'il avait éprouvée, et desira ardemment d'entrer dans une famille où il trouverait réunis les objets les plus chers à son cœur ; joli tendron et suppôts de la chicane. Il lui fut permis le soir d'offrir son bra à la demoiselle qui le charmait, et de la reconduire chez elle. On le retint à souper ; il ne se fit pas beaucoup presser. Enchanté de plus-en-plus, il tira à l'écart, au sortir de table, le pere de sa charmante Nymphe, et l'informa de sa tendre passion, à laquelle il le supplia de vouloir bien être favorable. Il reçut une réponse très-gracieuse ; on ne lui demanda seulement que deux ou trois jours de réflexion, et en attendant, on lui accorda la permission de venir soupirer aux pieds de la belle. Il n'eut garde d'y manquer des le lendemain ; mais comme il eut la maladresse de se présenter un peu avant l'heure où les dames de Paris sont censées n'être point visibles, mademoiselle Pauline l'avertit de se conformer une autrefois à l'usage. Bref, le Bas-Normand fut bientôt au comble de ses vœux ; il épousa sa tourterelle ; la noce se fit chez le gieffier , et l'on conduisit l'heureux époux dans le lit nuptial , après que la nouvelle mariée l'y eut devancé de quelques instans. Les faveurs de Morphée vinrent enfin le délasser de celles de l'Amour et de l'himen.

Les rayons du soleil qui pénétrèrent dans la chambre , frappèrent les yeux de notre Bas-Normand, et dissipèrent son sommeil; il voulut contempler les charmes de sa belle dormeuse, et fut saisi d'étonnement à son aspect : ce n'était plus la même personne avec laquelle il s'était couché. La frayeur s'empara alors de son esprit : les contes dont l'avait bercé sa nourrice lui revinrent dans l'idée ; il se mit en tête que le diable le tourmentait par quelques prestiges. Il fit cent signes de croix, et courut au bénitier qu'il renversa sur la dormeuse croyant la faire disparaitre ; elle se réveilla seulement

dans toute sa laideur , bien étonnée
de l'aspersion. Voyant que l'eau
bénite n'opérait point, que le fan-
tôme était toujours à ses côtés, il
se persuada qu'on avait introduit
dans son lit une autre femme que
celle qu'il venait d'épouser. Cette
dernière idée le porta à faire un
furieux vacarme. Le greffier accourut suivi de plusieurs personnes.
On trouva l'épouse tout éplorée,
que les procédés et les étranges complimens de son mari mettaient de
très-mauvaise humeur , et qui se
tenait debout dans la ruelle , comme
si elle eût craint de montrer ses
charmes au grand jour. — « Un
monstre est couché dans mon lit,
criait de toutes ses forces le Bas-
Normand, chassez-le, que j'en sois
débarrassé , et qu'on me rende ma
femme. Quoi ! parce que je suis
étranger, vous prétendez me traiter
en dupe! Apprenez que je suis un
honnête homme de Normandie, que
j'entends la procédure , et que pour

me venger d'un affront aussi sen-
sible, je mangerai jusqu'aux dernières plumes de mes chapons. » —
A tout ce discours les spectateurs
ne savaient que répondre. Enfin on
lui protesta que c'était la même
personne qu'il avait épousée la veille. Sa colère redoubla à ces mots. —
« Vous êtes tous de concert pour
me tromper, s'écria-t-il. Ma femme
est grandes et bien faite : celle-ci est
grande, à la vérité, mais c'est un
échalas qui n'a point de hanches,
et dont la taille est toute d'une
venue : d'ailleurs, elle a tout au
moins cinquante ans ; voyez ses rides
et son crâne pelé, que le dérange-
ment de sa cornette de nuit vous
présente. Le peu de cheveux qui
lui restent sont gris ; et ceux de ma
femme étaient blonds et les mieux
plantés du monde. Elle n'avait tout
au plus que vingt ans ; son teint
était blanc et vermeil, ses lèvres
étaient colorées, ses dents surpas-
saient la blancheur de l'ivoire : au-

lieu que celle-ci a une peau de parchemin , son teint est olivâtre; c'est un véritables épouventail. » — Passez à votre toilette , ma fille, dit le greffier, et mettez vous comme vous étiez hier , afin que monsieur vcie qu'on ne l'a point trompé. — Je suis curieux d'être témoin de cette métamorphose , reprit le Bas-Normand : mais j'y veux être présent, car on pourrait bien me montrer le jour une jolie personne, et m'en donner une très-laide la nuit. Mais je n'entends point avoir deux femmes; je veux que celle du jour et celle de la nuit soit absolument la même. » — Pendant ces propos et d'autres semblables, l'épouse passa ses deux grands bras de cotteret dans un léger peignoir , et courant à sa toilette , elle y prit le ratelier d'ivoire qu'elle y avait subtilement posé le soir , et le plaça dans sa bouche démeublée ; ensuite ouvrant certaines petites boîtes, elle ratrapa tous ses attraits pièce à pièce ; les

rides

rides furent cachées sous une couche de blanc ; elle en posa une de noir sur les sourcils ; un tour de cheveux postiches fut artistement placé sur sa tête. et lui rendit, ainsi qu'un faux chignon , sa belle chevelure blonde ; elle enlumina et colora ses joues et ses lèvres ; en sorte que son visage prit dans un instant une forme toute nouvelle. Ce ne fut pas tout ; la dame se donna des hanches et un derrière rebondi. au moyen d'une vaste bouffante. Quand elle eut achevé ses peintures et ses décorations , elle parut une beauté accomplie. — « Eh bien , demanda pour lors le père tout joyeux , qu'alléguerez-vous maintenant pour excuser votre erreur ? — Je dis , répondit le Normand et demi, que nous ne sommes point en carnaval , et que je n'ai jamais entendu me marier avec un vrai masque ; mon mariage a été fait sur un faux exposé , *ergo* il doit être nul , et je proteste de nullité : j'entends les affaires , j'ai été deux ans chez un procureur à Caen, et j'ai eu assez de procès pour savoir me tirer des discussion les plus embrouillées. Ce n'est pas à moi qu'il faut vendre du postiche pour du naturel. Vous m'avez trouvé ce matin tel que vous me laissâtes hier; à deux de jeu, s'il vous plaît , et point de supercherie. Madame n'a qu'à aller courir le bal : la voilà bien masquée. » — En achevant cette apostrophe, il sortit comme un éclair de la maison de son beau-père; et tout de suite les assignations , les sommations, les défenses, les sentences, les dits, les contre-dits, les arrêts tombèrent comme la grêle, de part et d'autre. Le Bas-Normand succomba, il fut condamné à garder sa femme, et en mourut de chagrin.

L'Escroc titré ou la Super-cherie amoureuse.

ANECDOTE XXXVII.

IL est des filoux ou des trompeurs de tout rang, et plusieurs des ci-devant nobles ne rougissaient point d'être des escrocs. Le marquis de la Sourche avait au doigt un superbe diamant sur lequel madame de Blondure jeta un jour les yeux, comme par hasard : cette madame de Blondure était une jolie veuve à laquelle le Marquis faisait la cour. — Mon dieu ! s'écria - t - elle, que vous avez là un beau diamant ! — Le marquis sentit toute la force de cette apostrophe, il dit tout bas à la dame que quand elle aurait la bonté de lui accorder un tête-à-tête, il aurait l'honneur de la prier d'accepter une bague qui paraissait lui faire quelque plaisir. Madame de Blondure feignit de tourner la proposition en plaisanterie, et s'attendrissant tout-à-coup, elle permit à son généreux amant de venir la voir le lendemain à l'heure de sa toilette. — « Ce n'est pas le présent que vous avez dessein de me faire, ajouta-t elle, qui m'engage à vous accorder ce rendez-vous ; cependant n'oubliez pas votre diamant : je serai charmée de l'examiner à mon aise. — Que je suis malheureux, s'écria le marquis ! Mon devoir m'appelle demain à Versailles, où je serai obligé de rester trois ou quatre jours. — Eh bien, venez à votre retour ; vous ne serez pas moins reçu avec plaisir. » — On se mit au jeu, le marquis s'en dispensa sur je ne sais quel prétexte, et courut chez un jouaillier à qui il commanda de lui faire en faux une bague toute pareille à la sienne, de manière qu'on pût s'y méprendre.

Il fut servi comme il le desirait, et n'eut pas plutôt le bijou dont le prix n'était que dans l'apparence, qu'il se rendit chez sa maîtresse; les femmes - de - chambre se retirèrent, le diamant prétendu fut accepté après quelques petites façons, et l'amour n'eut pas de peine à remporter un triomphe complet. La Belle, enchantée de la brillante acquisition qu'elle venait de faire, et qui ne lui avait pas beaucoup coûté, la mit à son doigt en allant à table pour dîner. Elle logeait avec une vieille tante, qui fut d'abord frappée de l'éclat du bijou, et demanda à sa nièce par quel hasard elle avait la bague du marquis de la Sourche. — « Il me l'a laissée, répondit celle-ci, la dernière fois qu'il est venu nous voir: j'ai cru d'abord que c'était une plaisanterie; mais comme il y a trois jours que j'en suis en possession, je m'en suis parée pour vous la montrer, et je pense que s'il ne vient point la rependre il me sera permis de la garder. — Faites-y attention, ma nièce, reprit la tante avec humeur, on ne fait pas pour rien un présent de cette conséquence : je soupçonne qu'il vaut dix-mille écus. » — Afin de s'assurer au juste de la valeur, la vieille dame envoya chercher un bijoutier, qui eut bientôt connu que la bague était fausse. — « J'en suis ravie, dit alors la tante ; cela vous apprendra, ma nièce, à ne point accepter les offres qu'on vous fait : les hommes de ce tems-ci ne sont pas dupes, on doit toujours s'en défier. Cependant, rendez cette bague : on la croirait d'un prix plus considérable, et le marquis ferait soupçonner que c'est votre honneur qui l'a payée. — Ces réflexions mortifiantes piquèrent au vif madame de Blondure. Elle ne vit pas plutôt le fourbe de qualité, qui vint chez elle à l'heure où l'on jouait, qu'elle lui rendit sa bague en disant : — « voilà l'indigne présent que vous m'avez

fait; je n'avais pas lieu de m'attendre à un tel procédé de la part d'un
homme de votre naissance. Je sais
maintenant quel est le sentiment
que vous méritez. » — Le marquis
reprit froidement la bague, et en
fesant une pirouette sur le talon, il
la serra dans sa poche, et mit la
véritable à son doigt, sans que personne s'en apperçut, après quoi il
s'approcha des joueurs, occupés d'un
Pharaon, et prit une carte. Dès
qu'il mit la main sur la table, chacun loua encore la beauté et l'éclat
de la bague. — « Eh, fi donc, messieurs, leur dit-il, vous vous mo-
quez; mais madame de Blonduro
prétend qu'elle est fausse. — Oh !
pour cela, monsieur le marquis,
reprit la vieille tante, qui avait
envie de le mortifier, ma nièce n'a
pas tort: un tel jouaillier, que le
hasard à conduit ici tantôt, l'a dé-
clarée très-fausse. — Je parie, insista
quelqu'un de la compagnie, qu'elle
est fine. » — La dispute s'échauffa,

et pour la terminer, on envoya chercher deux des jouailliers les plus
habiles de Paris, qui convinrent
que le diamant était d'un grand
prix, et qu'il fallait que le jouailler
de madame de Blondure fût un ignorant. Cette dame fut alors très-fâchée
de l'avoir rendu; et voulant tâcher
de le ravoir, elle prit à l'écart le
marquis, et le pria d'oublier le tort
qu'elle avait eu de douter de sa probité. — « Je me flatte, répondit-il,
qu'à l'avenir vous me rendrez plus
de justice, et pour achever de vous
prouver que je suis un galant homme,
je veux bien vous rapporter encore
demain ma bague aux mêmes condi-
tions que la première fois. » —
Madame de Blondure, enchantée et
croyant réparer sa faute, convint
d'un second rendez-vous, reçut de
nouveau la bague fausse, et fut
ainsi prise deux fois pour dupe.

Comment les Femmes sont amies.

ANECDOTE XXXVIII.

IL est bien difficile que l'amitié réelle puise régner entre les femmes, sur-tout dans le cœur de celles qui sont en âge de plaire : ce sentiment est trop souvent altéré, ou même détruit, par la rivalité de la beauté, de l'amour et de la coquetterie. Je vais montrer quelle est la manière d'aimer des femmes. Les citoyennes Forlis et Dumont sont deux inséparables, qui ne peuvent vivre l'une sans l'autre : on les voit se montrer ensemble aux promenades, aux spectacles ; si l'on veut avoir une d'elle à un soupé, il faut nécessairement les y inviter toutes les deux. Un homme de leur société, que nous nommerons Milesan, alla faire une visite à la citoyenne Forlis, au moment qu'elle était à sa toilette, c'est-à-dire dans l'instant que les deux amies se livraient séparément aux soins de leur parure : la conversation ne tarda pas à tomber sur la citoyenne Dumont ; Milesan crut montrer un intérêt bien louable en demandant de ses nouvelles. — « C'est une charmante femme, répondit la citoyenne Forlis, et je l'aime de tout mon cœur ; je me serais flatée qu'elle me préférait à tout le monde, si elle n'était pas si vaine de son pied mignon et de sa jolie main ; elle n'a des yeux que pour les considérer, et s'applique sans cesse à fixer sur eux les regards de toutes les personnes qui l'entourent, sans prendre garde au ridicule inconcevable dont elle se couvre. Est-elle assise, elle avance fort indécemment son pied : vous parle de l'élégance de sa chaussure, ou de la maladresse de son cordonnier, qui lui fait toujours des souliers d'une largeur affreuse. Tout en tenant ces discours insipides, elle ôte et remet ses gands, sous prétexte de vous faire voir ses bagues. En verité. j'ai toutes les peines du monde à m'empêcher de lui rire au nez. »

Aussi surpris que scand lisé de pareilles confidences , Milesan fut curieux de savoir si la citoyenne Dumont ressentait une amitie plus véritable; il se rendit chez elle le lendemain matin, et lui dit qu'il avait eu le plaisir de voir la veille la citoyenne Forlis. — « Elle a un mérite infini, s'écria la prétendue amie, et personne ne m'est plus cher. Mais je voudrais qu'on l'avertît charitablement du ridicule dont elle se couvre. Quoi qu'elle ait de beaucoup passé son automne, elle est une des premières à saisir les modes. Rien de si plaisant que de voir son vieux visage, sous un pouf élégant, ou enlaidir un chapeau du dernier gout.

Malgré sa taille courte et épaisse, ne s'avise-t-elle pas de s'affubler d'une lévite, d'une circassienne ! Ajoûtez à tout cela ses minauderies, l'air enfantin qu'elle s'efforce de prendre, son application continuelle à se mordre les lèves, non pour se rendre la bouche plus petite, ce serait imposible, mais afin de cacher le désordre de ses dents. » — Comme la citoyenne Dumont achevait ce discours, son amie entra sans se faire annoncer, et elles volèrent aussi-tôt dans les bras l'une de l'autre.

ANECDOTE

L'AMANT VINDICATIF.

ANECDOTE XXXIX.

FURIEUX de ce qu'une aimable demoiselle avait refusé l'offre de sa main, en le regardant comme indigne de s'allier avec elle, un jeune homme résolut de la punir de sa fierté, et de lui jouer un tour cruel. Au bout de quelque tems qu'il avait formé ce funeste dessein, un nouveau parti se présente à la demoiselle avec tous les agrémens qui pouvaient séduire; habits élégans, galonnés ou brodés, riches bijoux; les manières, il est vrai, ne répondaient pas tout-à-fait à cet extérieur éblouissant; on paraissait avoir fort peu l'usage du monde; mais on déclare qu'on est accoutumé à vivre dans le fond d'une province; on

Tome I I.   C

montre qu'on y possède plusieurs terres, et qu'on est à même de faire un sort très-heureux à celle qu'on desire épouser. Les parens sont ébranlés, la vanité de la demoiselle est délicieusement affectée ; bref le mariage s'effectue. Après plusieurs jours passés dans la joie et les plus doux plaisirs, il fut question d'aller habiter un des châteaux du nouveau marié ; les deux époux partent dans une chaise de poste, chacun agité de sentimens bien différens : la jeune épouse était encore plus vaine, plus orgueilleuse que lorsqu'elle était fille. On arrive dans le Limousin à l'entrée d'un village, et la chaise de poste s'arrête devant une petite maisonnette couverte de chaume — « C'est ici ma demeure, dit l'époux d'un air embarrassé ; il faut vous avouer que mes richesses et ma grandeur ne sont qu'imaginaires : je ne suis qu'un simple chaudronier. L'amant dont vous avez dédaigné la main, m'a engagé à me mettre sur les rangs, et a fait toutes les dépenses. Mais je suis honnête homme; je gagne ma vie en courant les campagnes et en achetant de vieux cuivres. dont je fabrique des casseroles, des chaudrons et autres ustensiles tous neufs. Je vous rendrai aussi heureuse qu'il me sera possible. »

Qu'on se peigne la confusion et le désespoir d'une personne extrêmement fière, qui se voit la femme d'un vil chaudronier, tandis qu'elle avait refusé des partis très-avantageux, et qu'elle se croyait l'épouse d'un bon gentilhomme. Elle ne voulut point coucher dans la maison rustique qui remplaçait les superbes châteaux dont son imagination s'était bercée; elle alla passer la nuit chez le curé, et reprit dès le lendemain la route de Paris, malgré les prières et les larmes du chaudronier qui aurait bien voulu qu'elle eût eu moins d'ambition. Ce mariage disproportionné fut facilement cassé,

et la jeune personne, toujours orgueilleuse malgré son humiliation,
alla cacher sa honte dans un couvent,
où elle ne tarda pas à mourir de
chagrin.

Le Faux Bienfaisant.

ANECDOTE XL.

COMBIEN de personnes ne font
des actes de bienfaisance que par
orgueil ou par ostentation! Voici un
trait qui servirait de preuve à cette
vérité, si elle en avait besoin. Le
riche Dormonsois passait un matin
à pied dans une petite rue; il voit
une femme pâle et défigurée, tenant
entre ses bras un enfant, qui lui
demande l'aumône en fondant en
larmes. — « Hélas! lui dit cette infortunée, c'est moins pour moi que
j'implore votre pitié, que pour mon

mari , qu'une paralisie empêche de travailler : tenez , citoyen , jetez les yeux sur lui. » — Il regarde et apperçoit à la porte d'une allée un jeune homme couché sur de la paille, et impotant de tous ses membres ; il se sent ému, il tire sa bourse pleine d'or , et cherche quelques pièces de monnaie. A cet aspect , un rayon d'espérance brille sur le visage livide de la pauvre femme , elle bénit le bienfaiteur que le ciel lui envoie. Mais n'ayant trouvé que de l'or dans sa bource , il ne fit aucune aumône, et continua froidement son chemin. L'après dînée de ce même jour il alla dans un cercle brillant chez la citoyenne Darninval ; cette femme parla d'un virtuose étranger qui était peu favorisé de la fortune, et pour lequel elle allait faire une quête. Il prit aussi-tôt la parole , et dit qu'il voulait être un des premiers à contribuer à cette belle action , et remit dix louis à la maîtresse de la maison. On éleva jusqu'aux nues l'extrême

C 3

bienfaisance du généreux Dormon‑
sois.

L'Épreuve délicate.

Anecdote XLI.

MADAME de Fléring étant allée au bal de l'Opéra avec une de ses amies chez qui elle avait soupé, se flatait d'être si bien déguisée, qu'elle ne serait connu de personne. Mais, à son grand étonnement, toutes ses précautions devinrent inutiles. Un masque, mis en pantalon, vint l'agacer, lui débita mille jolis propos qui ne sentaient point la fadeur, et finit, par lui dire tout bas, comment elle se nommait. Intriguée par les discours du masque, et voulant parvenir à savoir qui il était, madame de Fléring se débarrassa de la foule , et se retira dans une loge, toujours accompagnée du galant et spirituel Pantalon. — « Je suis intimement lié avec votre époux , lui dit-il , et je vous plains sincèrement. — Vous me plaignez . moi! — Oui , vous . belle et intéressante personne. Je sais que votre mari se permet en secret de vous être infidèle, tandis qu'il possède une femme adorable. — J'ignorais , et je veux ignorer que mon mari soit coupable d'une pareille conduite. Je suis étonnée qu'un honnête homme soit un délateur. — Je m'abaisse à cet indigne rôle à cause du vif intérêt que vous m'inspirez. Ah! que n'a-t-il mes yeux et mon cœur pour mieux apprécier vos charmes et vos vertus! — Je vois que j'ai eu tort de vous écouter un seul instant, et je vais m'éloigner. — Eh bien, parlons de monsieur votre époux. Il a encore d'autres torts que je vais vous révéler. Il est horriblement jaloux , quoiqu'il affecte le contraire, dans la crainte du ridicule. — Je ne lui donne aucun sujet d'éprouver cette injuste passion ; et s'il était vrai qu'il la ressentît en effet, il ne m'en serait pas moins cher. — Vous l'aimez donc ? — Oui, je l'aime, et n'ai pas besoin de m'en faire un devoir. — D'après les chimères qu'il se met en tête, il soupçonne qu'il occupe bien peu votre cœur ; et cherchant à s'étourdir sur sa situation, il joue très-gros jeu, fait souvent des pertes considérables, qui pourraient bien enfin déranger ses affaires. — Je ne puis croire que mon mari soit assez peu raisonnable, pour cesser de se conduire en homme prudent. — Je le vois, on est toujours prêt à excuser l'objet de sa tendresse. Mais, pour lever tous vos doutes, je vais vous avoner que je lui ai gagné hier soir vingt-mille écus sur sa parole. Je suis le comte d'Aramin ; mon nom doit vous être connu. — Eh bien, monsieur, je saurai me résigner aux plus grands sacrifices pour acquitter la dette de mon mari; envoyez-moi demain votre quittance , et je vous enverrai mes pierreries pour vous servir de nantissement, jusqu'à ce que je puisse.... — Ah! s'écria le masque d'une voix entre-coupée, ai-je pu méconnaître la vertu la plus pure , l'objet le plus digne de ma tendresse? — Eh! qui peut me parler de la sorte? — Ton mari. » — Et madame de Fléring se vit en effet dans les bras de son époux , qui avait voulu l'éprouver.

LE DUELLISTE.

Anecdote XLII.

Les duels sont sévèrement défendus. Mais recevez une injure grave, et obéissez à la loi , vous passez pour poltron, vous êtes déshonorés;

faites mettre l'épée à la main à votre agresseur, vous risquez d'être puni: quel parti faut-il donc prendre ? En attendant que cette question soit résolue, je vais tâcher d'amuser mon lecteur par le récit d'une anec] dote curieuse annalogue à ce que je viens de dire. On a vu à Paris un jeune bretteur qui ne songea pendant long-tems qu'à se venger d'un insigne affront. Il jouait tranquillement une partie d'échecs au café de la Régence; son adversaire lui contesta un coup; et alors s'éleva une violente querelle : l'adversaire n'ayant point de bonnes raisons à donner, lui appliqua un vigoureux soufflet. Très-mécontent de ce procédé, le souffleté voulait tout de suite laver dans le sang l'affront qu'il venait de recevoir; mais on se mit entr'eux, on les sépara de manière qu'ils ne purent se rejoindre. Le jeune bretteur se retira chez lui, et se couvrit la joue offensée d'une large emplâtre. Il se montra de la sorte dans le monde, sans s'inquiéter des mauvaises plaisanteries qu'on pouvait faire en le voyant ainsi défiguré. Plusieurs jours se passèrent sans qu'il rencontrât son ennemi; enfin il l'apperçut dans la Place des Victoires, et quoique ce fut en plein jour, il l'obligea de mettre l'épée à la main. La foule des spectateurs les sépara bientôt. Le jeune homme ci-devant insulté, à demi satisfait de ce qu'il venait de faire, ne se vit pas plutôt seul, qu'il tira de sa poche une paire de ciseaux, et coupa le quart de son emplâtre. Au bout d'une semaine il retrouva son ennemi, et lui ayant fait une légère blessure, il coupa gravement la moitié de son emplâtre. Enfin, il le rencontra un soir dans la promenade appelée les Champs Elisées, et le combat fut plus sérieux : le donneur de soufflet ayant reçu deux grands coups d'épée, l'emplâtre disparut pour jamais.

L'Abbé- Dragon et le Dragon-Abbé.

Anecdote XLIII.

EMPORTÉ par des desirs illicites et par l'occasion de mal-faire, un de ces êtres amphibies qui fourmillaient sur-tout dans Paris, et n'avaient de prêtre que l'habit, ne pût résister à la tentation de suivre en tapinois une beauté douce et commode. L'abbé libertin fut conduit dans un de ces asiles secrets où les plaisirs de l'amour ne sont plus que ceux de la débauche. La vieille qui fesait les honneurs ou plutôt le déshonneur de cet indigne lieu, eut à peine considéré la victime qui venait de se prendre dans les filets d'une des prêtresses de Vénus,

nus. qu'elle résolut, en la trahissant, de se procurer quelques écus que des ames pieuses donnaient à toutes les Laïques subalternes qui fesaient surprendre un petit-collet en flagrant délit. En conséquence du projet qu'elle vient de former. la traîtresse l'engage à se croire dans une maison très-sûre : elle fait si bien . qu'après un léger repas, elle l'encourage à se mettre au lit, promet de lui envoyer la jolie Nimphe dont il a fait choix. Dès qu'il s'est prêté docilement à ses pernicieuses instances , elle sort avec la Nimphe sous quelque prétexte , et court chez un commissaire voisin. Aussi-tôt l'on arrive pour se saisir du pauvre diable, et l'on monte avec fracas. Le premier bruit qu'il entendit , lui fit pressentir le danger , et sans perdre la tête , il songea au moyen de s'y soustraire. Il est nécessaire que le lecteur sache que dans le même taudis dormait profondément, entre deux draps, un galant dragon,

beaucoup plus ivre de vin que d'a-
mour. Le rusé calotin se lève doucement de son grabat, ferme la
porte par derrière, endosse ensuite
à la hâte le harnais militaire, et
passe fièrement sans être reconnu,
au milieu des soldats qui venaient
pour l'arrêter, en ayant la précaution de se plaindre de ce qu'on
troublait son repos, et qu'on eut
mis dans sa chambre un maudit
abbé, à qui sans doute on en voulait.
Le lecteur intelligent n'a pas besoin
que je lui raconte la suite de l'aventure ; il se représentera facilement
la surprise et les juremens du véritable dragon, en voyant qu'on le
prenait pour un abbé, dont il lui
fallut revêtir les habits ; et l'on se
doute bien qu'elle fut la confusion
des suppôts de police d'avoir laissé
échapper leur proie.

L'Abbé et sa Gouvernante.

Anecdote XLIV.

Un autre être amphibie fesait beaucoup mieux, il se livrait à des plaisirs moins défendus, en se consolant du célibat avec une jeune et jolie gouvernante. Malheureusement une grossesse imprévue vint troubler leurs mistérieuses amours. Monsieur l'abbé, craignant l'approche d'un témoin indiscret, imagina de faire boire à l'excès un valet d'écurie de la maison où il logeait; et l'ayant réduit à l'état d'ivresse le plus absolu, de concert avec la gouvernante, il le transporta dans le lit de celle-ci; et des gens appostés déclarèrent les avoir vus couchés ensemble: en sorte que monsieur l'abbé prétendait le contraindre à épouser sa servante. Mais le garçon d'écurie soutint qu'il était physiquement impossible qu'il fût l'auteur de la grossesse, et demanda à prouver son dire. Que monsieur l'abbé fut surpris et confus, lorsqu'on reconnut que le père dont il avait fait choix, n'était autre chose qu'une fille ! Les juges ayant demandé à cet hercule féminin, pourquoi il avait ainsi déguisé son sexe, il répondit que comme les domestiques femelles gagnaient moins que les hommes, et comme il se sentait assez de force pour faire les travaux de ces derniers, un intérêt louable l'avait engagé à se travestir.

Le prétendu Enragé.

ANECDOTE XLV.

APPELÉ à Versailles pour des affaires importantes, un particulier prit à Paris une de ces voitures de la cour, ignoblement nommées pot-de-chambre; il eut le malheur d'avoir pour compagnon de voyage un chanoine très-replet, qui l'enveloppait, pour ainsi dire, dans sa vaste rotondité; il ne pouvait remuer, il courait risque d'étouffer. Ne sachant comment se délivrer de cet incommode voisin, le particulier, homme d'esprit, s'avisa d'amener la conversation sur le motif qui conduisait les deux voyageurs. — « Pour moi, (dit le gros chanoine, en prenant de plus-en-plus ses aises, sans s'inquiéter nullement de son malheureux auditeur) » je vais passer une quinzaine de jours chez un prieur de mes amis, où je compte faire grand chère, et boire amplement des vins exquis. — Hélas ! dit à son tour le particulier, en poussant un profond soupir, on m'a conseillé les bains de mer, pour me guérir des attaques de rage qui me prennent encore quelquefois, malgré tout ce qu'ont pu faire les plus habiles médecins de Paris. Quand je serai à Versailles, je louerai une voiture pour gagner le premier port de la Normandie. » — En achevant ces mots, il se mit à faire plusieurs grimaces, à rouler les yeux d'une manière effrayante. — « O ciel ! vous êtes enragé ! s'écria le chanoine. Cocher, arrête, arrête, que je descende. » — On eut beau dire, il voulut absolument faire le reste de la route à pied, laissant son compagnon de voyage fort à l'aise dans la voiture.

L'Assemblée Nationale.

ANECDOTE XLVI.

SELON une histoire qui courut en 1790, on parvint à persuader à un homme peu spirituel et très-crédule, qu'on ne parlait que par signes dans l'Assemblée nationale. Il s'empressa d'aller voir une telle singularité. Lors qu'il sortit de la séance, on lui demanda ce qu'il en pensait : — « Ma foi, répondit-il, on m'avait presque représenté messieurs les députés comme autant de muets ; mais de la manière dont ils crient entr'eux, je croirais qu'ils sont tous sourds. »

LE BON PATRIOTE.

ANECDOTE XLVII.

LORSQUE l'Assemblée nationale tenait ses séances à l'archevéché, une galerie écroula tout-à-coup ; beaucoup de personnes et quelques députés furent blessés grièvement ; mais un malheureux jeune homme fut sur-tout la victime de cet accident cruel ; il eut la jambe cassée ; il fallut lui faire l'amputation. — « Hélas ! s'écria-t-il, si je n'ai point eu le bonheur de perdre ma jambe au service de la Patrie, je l'ai du-moins perdue au milieu de ses sages représentans, qui s'occupaient de nos plus chers intérêts. »

LE MONSEIGNEUR.

Anecdote XLVIII.

Fixant son séjour à Paris neuf mois de l'année, tandis qu'une de nos Provinces réclamait ses soins et sa présence, un grave personnage aussi riche que d'un état respectable, entretenait secrétement une de nos brillantes Laïs, intéressée et jolie, et encore plus trompeuse qu'elle n'était jo ie et intéressée. Cette belle avait un amant *incognito*. Mais loin de recevoir des présens de celui-ci, elle lui prodiguait une partie des richesses que l'autre lui prodiguait en dupe. L'amant doublement favorisé était bien digne, par la bassesse de ses sentimens, de la préférence qu'on lui accordait ; les besoins renaissans que lui occasionnait la fureur du

jeu, lui firent paraître trop mo-
diques les dons qu'il recevait de la
Nimphe généreuse et peu prévoyan-
te; il résolut de voler le *bailleur de
fonds*. Pour mieux réussir dans le
coup hardi qu'il méditait, il exami-
na soigneusement les actions de celui
qui fesait sa fortune, sans le savoir,
en croyant n'enrichir que la beauté
dont il était idolâtre. Il n'ignorait
point que l'heure mistérieuse des
visites était à dix heures du soir, et
qu'elles se prolongeaient jusqu'à
minuit, puisqu'il n'allait qu'alors
remplacer le riche entreteneur; mais
il découvrit que le *monseigneur* dupé
laissait son carrosse dans une rue
voisine du logis de sa maîtresse, où
il se rendait à pied avec son valet-
de-chambre. Après avoir bien pris
ses mesures, le chevalier d'insdustrie
se promit le succès le plus heureux
de son intelligence toujours très-
active et de son audace. Affublé
d'un habit tout pareil à celui que
portait le vénérable personnage, et

décoré de la marque qui le caracté-
risait. et accompagné d'un camarade
tout aussi peu honnête que lui. vêtu
comme le valet-de-chambre, il l'épia
venir à son rendez-vous accoutumé,
et l'ayant vu descendre de carrosse,
il se présenta un instant après aux
yeux du cocher, qui trompé par le
costume sacré, ne douta pas que
ce ne fut son maître avec le fidèle
domestique, obligés, sans doute, de
se retirer beaucoup plutôt que de
coutume, et les ramena grand train
l'un et l'autre à l'hôtel. Tous les gens
de la maison donnèrent dans la
même erreur : le suisse ne manqua
pas, selon ce qu'il pratiquait tous
les soirs , d'apporter les clefs de
l'hôtel dans la chambre de *monseigneur*, et se hâta ensuite d'aller se
coucher. Les deux fripons, se voyant maîtres de la maison , enfoncè-
rent les armoires, les cassettes, sans
faire le moindre bruit, à l'aide des
instrumens dont ils s'étaient pourvu,
s'emparèrent de l'or, des bijoux,

de l'argenterie, qu'ils portèrent, en différens voyages, dans une chambre garnie qu'ils avaient louée aux environs. Lorsqu'ils ne virent plus rien à prendre, ils se retirèrent sans bruit, fermèrent doucement la porte à double tour, et emportèrent la clef.

Cependant, le respectable personnage, après avoir passé des heures bien délicieuses, sortit, avec son discret confident, pour aller rejoindre son carrosse, étonné de ne le point trouver à l'endroit où il avait coutume de l'attendre, il crut le rencontrer un peu plus loin, mais il s'en flata vainement, car il y avait plus de trois heures que le cocher et les chevaux s'étaient retirés. — Pestant contre ce premier, qu'il se promettait de chasser comme un ivrogne, il arriva, de fort mauvaise humeur, à la porte de son hôtel. Le valet-de-chambre frappe et sonne; mais tous les gens de la maison étant plongés dans un profond sommeil

meil, personne n'entend, ni ne
répond ; le maître, qui se morfond,
craint que les voisins ne s'apperçoi-
vent qu'il se retire à une heure
indue, jure entre ses dents et se
désespère. Enfin, après un tapage
affreux de plus d'une demi-heure,
un vieux cuisinier, qui avait le
sommeil moins dur, que les autres
domestiques, se réveille au vacarme
qu'il entend, et vint voir qu'elle
peut en être la cause. — « C'est monseigneur, lui dit le valet-de-chambre, au travers de la porte. — Bon,
monseigneur ! il n'a garde d'être dans
la rue si tard ; il dort depuis long-
tems : passez votre chemin, vilains
ivrognes, et laissez les honnêtes
gens en repos. » — Pendant ce dia-
logue, jugez de l'impatience du grave
personnage, obligé de se tenir, dans
la nuit, au milieu de la rue et par
un froid très-rigoureux. Il fut contraint de parler lui-même, et d'or-
donner qu'on lui ouvrît. — « Ah !
monseigneur, je reconnais votre voix,

reprit alors le vieux cuisinier , je
ne me serais jamais imaginé que
vous courussiez les rues à pareille
heure ; mais vous venez sûrement
de faire quelque bonne œuvre : le
ciel vous en récompensera. Je vais
vous faire ouvrir la porte ; le suisse
roufle depuis long-tems la haut ; je
n'aurais point cette complaisance
pour monsieur votre valet-de-chambre qui court toutes les nuits ; je
vous en avertis , *monseigneur* , afin
que vous y mettiez ordre , car cela
est tout-à-fait scandaleux dans une
maison comme la vôtre. » — L'in-
supportable babillard termina enfin
son monologue , et courut aux man-
sardes réveiller le suisse , qui ne
pouvait coucher dans sa loge attendu
qu'elle était trop petite , et qui re-
fusa de se lever , le traitant de
visionnaire , vu que *monseigneur* ,
assurait-il , était rentré de très-bon-
ne heure.

Le vieux cuisinier vint rendre
compte au travers de la porte , du

peu de succès de ses démarches. *Monseigneur*, hors de lui, désolé de se voir, comme un autre Amphitrion, refuser la porte par son domestique, refrappe à coups redoublés, et fait un vacarme si étrange, que le suisse se résoud à sortir du lit, et va sur le bout du pied dans la chambre de son maître, afin de prendre, sans le réveiller, la clef à l'endroit où il savait qu'on la mettait ordinairement; mais il eut autant de surprise que de frayeur de ne point la trouver, ni *monseigneur* dans son lit, et de voir le désordre où les deux fripons avaient mis tout l'appartement. Il prit le parti d'aller réveiller tous les domestiques les uns après les autres, et de leur demander ce qu'ils avaient fait de la clef: ceux-ci, qui ne l'avaient point vue, vinrent l'aider à la chercher, et parcoururent en vain tous les recoins de l'hôtel. Peignez-vous la colère du prélat pendant tous ces délais; elle fut portée au comble, lorsqu'on vint lui dire que la clef était absolument perdue. Il fallut que le valet-de-chambre courut quérir un serrurier, qui après s'être fait long-tems attendre , ouvrit la porte à monseigneur l'évêque , lequel, furieux de s'être morfondu pendant plus de deux heures dans la rue, rentra chez lui, au milieu de tous ses domestiques rangés en haie sur son passage pour lui marquer leur empressement à le servir: honneur qu'il les aurait exemptés volontiers de lui rendre. Mais les sentimens qui venaient de l'agiter ne furent rien en comparaison de ceux qu'il éprouva en voyant le ravage qu'on avait fait dans son appartement. Le suisse, se jetant à genoux, lui déclara la méprise involontaire où il était tombé ; le cocher lui fit le même aveu .et lui demanda pardon de ce que , trompé par la ressemblance des habits , il avait cru le ramener lui même à l'hôtel.

Le prélat, dont l'économie approchait beaucoup de l'avarice, se consola, non sans peine, de la perte de ses bijoux et de son argent comptant ; il croyait en être quitte pour ce vol considérable. Mais le lendemain il apprit une nouvelle qui lui rendit ses pertes beaucoup plus sensibles, le mit dans une fureur épouvantable, et le porta à chasser sur-le-champ tous ses domestiques. Il avait coutume de prendre tous les matins un consommé, que lui apportait son valet-de-chambre, après quoi il se rendormait tranquillement jusqu'à midi. Le fidèle domestique ne manqua pas de suivre l'ancien usage ; mais il fut obligé de se servir d'une écuelle d'étain, au-lieu de celle de vermeil, que les voleurs avaient emportée. À l'aspect de ce meuble ignoble, *monseigneur* repoussa l'excellent consommé et demanda pour qui on le prenait. — « Hélas ! cette écuelle d'étain vous annonce que les scélérats qui ont déménagé cette nuit vos effets

les plus précieux, ne vous ont pas
seulement laissé une cuiller d'argent
à café. — Ah! c'en est trop, s'écria
monseigneur, je chasse tous mes
coquins de valets; me voilà pis cent
fois qu'un zélé Patriote, qui se
prive de tout son superflu, pour
en secourir la Nation. Autant vau-
drait que j'eusse envoyé mes bijoux
et ma vaisselle à la monnaie, sans
même réserver mes boucles d'or. »

Le plaisant à - compte.

Anecdotes XLIX.

Avant la révolution à jamais
mémorable, qui remet tout dans
l'ordre, en détruisant l'orgueil et
les injustes prétentions du clergé et
de la noblesse; certain marchand
vint présenter son mémoire à un
homme qualifié du titre de *grand*

seigneur, quoi qu'il fût très-petit au moral ainsi qu'au physique; comme il insistait vivement sur le besoin extrême qu'il avait d'argent, monsieur le duc lui donna un soufflet, et voilà tout ce qu'il eut. Quelque tems après, le même marchand fut contraint de revenir à la charge et présenta très-humblement une nouvelle copie de son mémoire. — « Est-ce qu'il n'a point eu quelques à-comptes, demanda négligemment le grand seigneur à son intendant? — Pardonnez-moi, monseigneur, répondit celui-ci, il a reçu un soufflet. »

La Liberté Morale.

ANECDOTE L.

ON s'occupait dans un cercle à proposer des questions, qu'il fallait résoudre avec esprit et célérité. Quelqu'un proposa de définir ce que c'était que la Liberté. Deux personnes réunies par le mariage, mais dont l'âge et l'humeur ne sympathisaient guère, en firent cette définition plaisante : le mari, consulté le premier, répondit : — « Etre libre, c'est ne point dépendre des caprices d'une jeune femme.» — L'épouse prenant la parole à son tour. — « La véritable liberté, dit-elle, est d'être débarassée d'un vieux mari, et de pouvoir bientôt en prendre un jeune.»

La Nouvelle Parvenue,
ou Madame Angot.

ANECDOTE LI.

AUTREFOIS le vice parvenu avait quelque chose d'aimable; il se montrait sous des dehors séduisans. Aujourd'hui il ne se donne pas même la peine de cacher sa laideur; tiré de la boue par les spéculations de l'agiotage, ou par les vols multipliés faits à la République, il a la grossièreté et l'insolence qu'il contracta dans les dernières classes du peuple.

Il en est de même des femmes enrichies tout-à-coup de nos jours; comme la plupart étaient ravodeuses, et pis encore, elles ont le ton et les manières les plus ridicules, au milieu du luxe et de leur opulence. Il suffira d'en citer un seul exemple.

On vit s'arrêter à la porte de l'Opéra un magnifique équipage, attelé de deux fringans coursiers, et en descendre une femme vêtue richement, le cou entouré de plusieurs chaines d'or qui lui descendaient sur la poitrine, et les oreilles chargées d'énormes anneaux d'or : » madame, fautra-t-il venir vous prendre, lui demanda son cocher? — Il y a gros, lui répondit-elle.

Le Jeune Vieillard.

Anecdote LII.

Une de ces demoiselles du grand ton qui s'attendrissent à l'aspect de l'or et des diamans, qu'on apporte en tribut à leurs charmes, étant devenue veuve, c'est-à-dire ayant été quittée par la riche dupe qu'elle ruinait, s'avisa d'écouter les soupirs de quelques jeunes gens. Mais, comme elle avait l'humeur très-spéculative, elle s'apperçut bientôt du désordre qu'elle allait mettre dans sa fortune, et résolut de changer de conduite. En conséquence du plan qu'elle forma, elle avertit son portier de ne laisser parvenir auprès d'elle que des gens d'un âge mûr. Un jeune militaire, informé des projets de cette Nimphe, aussi belle que prudente, loin d'en être effrayé, pensa qu'il lui serait facile d'en tirer parti. Il convoitait depuis long-tems cette jolie sirène, et se flatait d'être à la veille de l'attendrir, lorsqu'elle s'était avisée de chasser l'amour et les jeux badins, pour rappeler autour d'elle l'intérêt et la fausseté. Voici le moyen que mit en usage le galant militaire : il s'affubla d'une perruque à trois queues, d'un habit à l'antique, qu'il boutonna du haut en bas; se peignit des sourcils gris; en un mot, il prit l'air et les manières d'un vieillard de soixante-dix ans, et se rendit, en ce burlesque équipage, à la porte de la jolie Nimphe. Paraissant s'appuyer avec peine sur une canne à bec à corbin, et parlant d'une voix cassée, il eut l'air plus beau qu'Adonis, ou, si vous l'aimez mieux, on crut que c'était Titon qui voulait, une seconde fois, rajeunir dans les bras de l'Aurore. Parvenu au près de la conplaisante Déité, il représenta très-bien le ridicule d'un barbon amoureux. — « Connaissez, mademoiselle, s'écria-t-il en toussant, quel est le pouvoir de vos charmes; vous me faites oublier mon âge et les devoirs que m'impose mon rang. Apprenez que vous voyez à vos pied le comte de Saint-Germains — Ah! monsieur le comte, interrompit la belle, agréablement surprise, pardonnez si la gaieté de mon caractère m'a fait manquer au respect rect qui vous est dû. — Je ne viens point ici pour vous trouver trop raisonnable ; je me plais , au contraire, à voir votre aimable folie. » — Le faux vieillard devint entreprenant , et sut triompher de la faible résistance qu'on lui opposa : eh ! le moyen de manquer de complaisance pous un homme dont on attend une brillante fortune !

Le rusé militaire promit de venir souper le lendemain, et de prendre tous les arrangemens nécessaires pour le rôle éclatant qu'allait jouer l'objet de sa tendresse.

A peine se fut-il éloigné, que la belle . transportée de joie, courut conter (à trois de ses amies seulement) le bonheur qui venait de lui arriver ; elle finit par les inviter à souper pour le lendemain , afin qu'elles fussent témoins de son triomphe et de sa gloire. Elle commanda chez un fameux traiteur un repas magnifique, et donna ordre que le champagne n'y manqua point sur-tout. Mais sa douleur et sa confusion ne sauraient se décrire, lorsqu'elle eut vainement attendu jusqu'à minuit. L'appétit la força de se mettre à table avec ses amies. Que le soupé fut triste en comparaison de la gaieté qui devait y régner !

Cependant elle se consola ; des affaires imprévues pouvaient être causes qu'on lui avait manqué de parole. Au bout de huit jours, passés dans une pénible attente, elle prit le parti d'écrire au comte de Saint-Germain, ministre de la guerre, qui se tenait presque toujours à Versailles. Sa lettre était à-peu-près conçue en ces termes: — « Quand on a donné sa parole, il n'est point honnête d'y manquer. Vous savez, monsieur le comte. tout ce que vous m'avez promis; et cependant huit jours se sont passés sans que je vous aie revu. Je souhaite que vous vous justifiez ; je vous prie même de le faire. »

Julie TESSIER.

Qu'on juge de la surprise du comte de Saint-Germain. Il s'imagina
que c'était un tour qu'on voulait lui
jouer; et comme tout fesait ombrage
aux courtisans, il crut devoir faire
cesser la plaisanterie, en mandant
à la personne qui lui avait écrit, de
venir promptement lui parler à
Versailles. Cette réponse l'aconique
réveilla les espérances de mademoiselle Julie; elle se hâta de voler
au près de sa brillante conquête.
Mais que devint-elle lors qu'après
avoir été introduite dans le cabinet
du comte, elle reconnut sa méprise !
— « Vous voyez, mademoiselle,
lui dit-il en souriant, que je n'ai
aucun tort avec vous. — Excusez-
moi, monseigneur (s'écria la Nimphe
tremblante et confuse), » on
m'a cruellement trompée en abusant
de ma crédulité. — Retournez tranquillement à Paris, mademoiselle,
et que cette aventure vous apprenne
à me connaître. Après avoir été
sage toute ma vie, ce n'est point à

mon âge que je voudrais acheter
bien chèrement des plaisirs qui seraient suivis, tôt ou tard, des regrets
les plus vifs. » — Julie revint tris-
tement chez elle, et se consola en
cherchant d'autres dupes.

Le singulier Filou.

Anecdote LIII.

Un pauvre diable se trouvant,
je ne sais comment, à un grand
repas, ne songeait qu'à bien manger;
mais il n'était pas tellement occupé
du présent, que l'avenir ne lui cau-
sât quelque inquiétude. — Le bonheur dont je jouis actuellement, se
disait-il en lui-même, va s'éva-
nouir comme un songe : hélas! avec
quoi dînerai-je demain? — Tandis
qu'il réfléchissait de la sorte, ses
yeux se fixaient sur une cuisse de

poularde , qu'on venait de mettre sur son assiette : il lui paraissait qu'il était dommage de la manger avec peu d'appétit , et qu'il serait bien plus raisonnable de la réserver pour une meilleure occasion. Enfin l'envie lui prit de la glisser tout doucement dans sa poche. La tentation étant trop forte pour y résister, il observa, du coin de l'œil, si on ne le regardait point , puis escamota fort adroitement la cuisse de poularde, qu'il fit tomber sur sa serviette ; cachant ensuite ses mains par-dessous la table, il l'enveloppa dans une feuille de papier , et finit par la glisser dans sa poche. Il s'applaudissait d'avoir eu la précaution de pourvoir à son diné du lendemain, lorsque la fortune, accoutumée à tromper les espérances des malheureux, fit naître un incident qui le couvrit de confusion. Les domestiques qui desservaient, s'apperçurent qu'il manquait un couvert d'argent. Le maître de la

F 3

maison , averti que toutes leurs recherches étaient inutiles, en conclut qu'il devait se défier de quelqu'un des convives , dont plusieurs ne lui étaient point connus , ainsi que cela n'arrive que trop souvent dans le désordre d'une fête. Ses soupçons tombèrent directement sur le pauvre diable. Persuadé qu'il avait trouvé son homme, il éleva la voix , et dit, en s'adressant à toute la compagnie : — « La prière que j'ai à vous faire, messieurs et dames, ne révoltera que le tripon qui se trouverait parmi nous , s'il était possible qu'il y en eût un. Mais la probité ne peut s'offenser d'un soupçon , que lorsqu'on ne lui offre aucun moyen de se justifier. Un de mes domestiques s'est sûrement emparé du couvert qui se trouve perdu ; il ose rejeter son crime sur l'un de nous. Pourquoi ne ferions-nous pas disparaître sa principale défense, en nous fouillant les uns les autres ? Je vais commencer par monsieur, » — ajouta-t-il en indiquant le pauvre diable, que cette apostrophe fit rougir jusqu'aux oreilles. On se persuada encore davantage qu'il était le filou, quand on le vit supplier le maître de la maison de vouloir bien passer dans la pièce voisine, parce qu'il avait un secret de la dernière conséquence à lui révéler. On était loin de penser que cet homme infortuné n'ôsait déclarer publiquement qu'il avait été contraint de serrer une cuisse de poularde, afin de se précautionner pour le besoin à venir. Qu'on juge de la surprise de celui qui le prenait pour un filou, quand il apprit le sujet de son trouble et de son embarras. A peine venait-il d'entendre l'aveu de ce singulier vol, qu'un domestique, qui avait balayé la salle à manger, accourut lui dire qu'on venait de trouver la cuiller et la fourchette qu'on avait tant cherché.

Le rendez-vous manqué.

ANECDOTE LIV.

OUBLIANT le bonheur qu'il avait d'être l'époux d'une très-jolie femme, M. de Valbrune se permettait d'être volage, quelquefois même infidèle ; ce qu'il y avait d'étonnant dans son aventure, c'est que son aimable compagne n'imitait point l'exemple qu'il lui donnait, ne se plaignait point d'être délaissée, et cherchait tout simplement à ramener peu-à-peu l'infidèle, ou à le faire du moins rougir de ses erreurs. Dans ces circonstances, un laquais mal-adroit remit à madame de Valbrune un billet qui s'adressait à son mari ; ce tendre écrit, dicté par l'amour le plus vif, annonçait les derniers soupirs d'une vertu mourante, et la belle, qui ne voulait jamais manquer à l'honneur, finissait par donner un rendez-vous pour le soir même.

Que fera l'épouse instruite de ce qu'elle devait ignorer ? Se livrera-t-elle aux emportemens de la jalousie et de la fureur ? Conduira-t-elle l'objet de sa tendresse dans les bras d'une rivale, en lui remettant la galante missive ? Ces deux partis répugnaient également à son cœur et à sa raison. Elle sut choisir le meilleur de tous les expédiens. Elle releva l'éclat de ses charmes par tout ce que l'art de la toilette peut ajouter aux beautés naturelles ; jamais elle n'avait paru si séduisante ; l'œil même de son mari en fut enchanté. Il voulut dîner à la maison ce jour-là, et ce repas lui sembla délicieux, quoique pris tête-à-tête ; mais madame de Valbrune se permit des agaceries, une charmante gaîté, qui firent oublier au volage que cent fois il s'était ennuyé chez lui à mourir. En sortant de table, il offrit galamment sa main à la compagne si digne de faire son bonheur, à laquelle il était surpris de trouver tant d'attraits, et l'air de la coquetterie joint à celui de l'honnêteté. Madame de Valbrune, tout en folâtrant, le mena dans son boudoir, asile peu fait ordinairement pour les plaisirs permis. L'époux se crut en bonne fortune, il devint tendre, pressant, et fut aussi heureux que s'il n'avait pas dépendu de lui de l'être toujours. Après que l'hymen se fut amplement vengé des vols que prétendait lui faire l'amour, l'aimable compagne feint de se ressouvenir tout-à-coup du billet mystérieux, le présente à son mari, en lui disant avec le sourire le plus expressif : — « Allez à votre rendezvous. » — Valbrune jette les yeux sur l'écrit, le déchire en mille pieces, et se précipite dans les bras de sa femme, en s'écriant : — Ah! mon amie, où trouverai-je une félicité plus douce que celle que je puis goûter chez moi sans remords ? »

Le Refus excusable.

ANECDOTE LV.

MADAME SERVUCE, jeune et jolie, est une joueuse déterminée et intrépide. Mersantière, intéressé dans les affaires de la Nation, fut frappé de ses charmes, et sachant que la passion du jeu fait éprouver de grands besoins d'argent, il saisit l'occasion d'une perte considérable qu'elle fit, pour lui offrire mille louis, à condition qu'elle aurait des bontés pour lui : il fut refusé avec hauteur. Mais des revers continuels mirent madame Servuce au désespoir; ne sachant à qui avoir recours, son mari ne voulant plus lui rien

fournir, la plus grande partie de
ses diamans étant en gage, elle se
ressouvint de la générosité du mo-
derne financier; après avoir long-
tems combattu, soupiré, gémi, elle
lui écrivit une lettre charmante,
dans laqu'elle elle lui disait, avec
autant d'esprit que de sentiment,
qu'elle éprouvait qu'il était impossible de lui résister, et qu'elle avait
un besoin pressant de mille louis.
Vous croyez que Mersantière va
voler aux genoux de sa belle conquête, avec la somme dont il avait
desiré lui faire hommage; eh bien,
vous êtes dans l'erreur : le financier
de nos jours était très-capricieux,
et savait calculer à merveille. Il ne
répondit que cette seule phrase à
la galante missive : — « Ce que je
vous demandais, madame, n'avait
aucun prix; je n'en puis mettre
aucun à ce que vous m'offrez. »

ANECDOTE

Les Intérêts de l'Amour.

ANECDOTE LVI.

U N autre membre de l'heureuse finance, grand spéculateur, prêta cinq-cents louis à une femme beaucoup plus pourvue d'attraits que de fortune, et comme il mettait beaucoup d'ordre dans ses affaires, il exigea un billet, quoique son cœur fût au moins de moitié dans le service qu'il venait de rendre. Au bout de quelques jours, la dame crut devoir lui donner des preuves nonéquivoques de sa reconnaissance, et se flata d'autant plus de s'être acquittée, que le riche Midas revint souvent goûter un bonheur dont il paraissait sentir tout le prix. Mais l'échéance du billet étant arrivée, quelle fut sa surprise de voir entrer

Tome I I.   G

le valet-de-chambre du Crésus, qui lui demanda le payement de son obligation! Je m'expliquerai avec votre maître, lui dit-elle. Le financier ne tarda pas à venir lui-même. — « Je suis fort étonnée, mon cher ami, lui dit-elle avec tendresse, que vous exigiez le payement d'une bagatelle, après tout ce que j'ai fait pour vous. — Ah! madame, lui répondit-il je vous respecte trop pour avoir cru vous acheter : je n'ai touché que les intérêts. »

L'AMANT TIMIDE.
ANECDOTE LVII.

UN pauvre gentillâtre qui habitait au fond du Limousin, dans un vieux château tombant en ruine, épousa la fille d'un de ses voisins ; elle lui apporta pour dot beaucoup d'orgueil, force contrats gothiques, et un bégueulisme provincial que les seigneurs châtelains des environs prenaient pour de l'esprit. De cette noble alliance, naquit un fils, qui ressembla long-tems aux auteurs de sa naissance. Clitandre, c'est le nom que je lui donnerai, fut élevé dans le château de son père ; il eut pour précepteur le curé de son village : on doit juger aisément quelle éducation il reçut. Il savait lire à douze ans, et écrire à quinze, et ne pût guère apprendre d'autres mots latins que ceux qu'on dit en servant la messe : mais il parut un prodige aux yeux de sa famille , et à deux lieues à la ronde on le citait comme un génie. On trouvait pourtant qu'il n'était point assez vif, et qu'il suivait trop à la lettre la maxime des sages qui dit de parler peu. Mais on excusait ses défauts en faveur des bonnes qualités qu'on croyait voir en lui. Il parvint à l'âge de vingt ans sans avoir fait d'autres progrès que de s'ingérer à battre les pauvres villageois qui ne lui ôtaient pas assez vîte leurs chapeaux : ses parens traitaient de gentillesse cette humeur brutale. Je crois qu'il aurait aussi battu les paysannes , s'il avait osé les regarder en face ; mais un sentiment confus de plaisir et de crainte le rendait tout interdit à l'aspect d'une femme ; honteux lui-même de l'embarras qu'il éprouvait chaque jour , il prenait le parti de s'enfuir. On ne manquait pas d'appeler sagesse, dans le petit canton du Limousin où naquit mon héros, ce qu'ailleurs on aurait regardé comme un défaut d'usage et une preuve de bêtise. Le seul mérite réel que possédait notre jeune homme. (si toutefois ç'en est un) c'est qu'il était d'une taille avantageuse, et doué d'une très belle figure. Enchanté d'avoir un fils si parfait, le père de Clitandre résolut de l'envoyer à Paris, auprès d'un oncle, afin qu'il le fit entrer dans les gardes du roi, qui existaient alors, et qui étaient le seul corps où la jeune noblesse pût se préparer, à la cour, au service militaire, depuis la suppression des Mousquetaires et des Gendarmes. Le jeune Clitandre partit par la messagerie, après avoir essuyé un longs et ennuyeux sermon de la part des chers auteurs de ses jours. Au bout de vingt-quatre heures de voyage, il s'émerveilla que le monde fut si grand. Arrivé à Paris, il éprouva une autre surprise,

G 3

il s'étonna qu'une ville fut aussi vaste, et aussi peuplée qu'une province ; et il ne put long-tems comprendre comment il était possible de vivre au milieu du fracas et d'un si grand nombre de maisons qui vous dérobent la vue du soleil.

Il eut bien de la peine à trouver la demeure de son parent, lui qui croyait qu'en arrivant à Paris, il lui suffirait de demander M. de Vilville. Ce parent était un ancien militaire, vieux garçon, qui préférait de manger dix-mille livres de rente dans la Capitale, au désagrément d'aller s'enterrer en province, et il pensait que le célibat était beaucoup plus commode que la sujettion du mariage. Du reste, c'était un vert - galant, que son humeur joyeuse. et sa complaisance à jouer assez gros jeu, avaient introduit dans les meilleures sociétés. Il aimait le plaisir, et avait encore quelquefois des bonnes fortunes.

M. de Vilville fut mortifié de l'air

gauche et contraint de son neveu , et de la simplicité qu'il avait de rougir à chaque mot qu'on lui adressait. Il crut qu'il était convenable , avant de l'introduire dans les Gardes du corps où il n'aurait pas manqué d'être tourné en ridicule par tout ses camarades ; le vieux gentilhomme , dis-je , pensa qu'il convenait de faire perdre à son neveu une partie de ses manières provinciales et de son extrême timidité. Il lui parut que les femmes étaient les meilleurs précepteurs qu'il pût choisir. La première à qui il le présenta , fut la marquise de Benoisi. Elle avait bien quarante ans et ne s'en donnait pas vingt-cinq. On voyait qu'elle avait été très-belle autrefois ; il lui restait encore assez de charmes pour faire certaines conquêtes , comme , par exemple , celle d'un pieux directeur , ou d'un jeune homme tout-à-fait novice , brûlant de desirs dont il ignore l'objet , et aux yeux de qui il n'est point de laides femmes. — « Madame, dit

Vilville à la marquise, je vous re-
commande mon neveu, accordez lui
votre bienveillance, et permettez
qu'il ait l'honneur de venir vous
faire sa cour. Il a besoin de prendre
les manières et l'usage du monde :
où peut-il mieux se former qu'auprès d'une dame qui en connaît toutes
les nuances, toutes les finesses, et
dont l'esprit délicat est estimé de la
cour et de la ville ? — Vous êtes
complimenteur, mon cher ami, s'é-
cria la marquise; mais je m'abstiens
de vous gronder, en faveur de M.
votre neveu, qui me paraît un fort
joli garçon; sa figure prévient avan-
tageusement. Je serai charmée de
pouvoir lui être utile. — A ces gra-
cieuse paroles, Clitandre répondait
par des révérences gauchement pro-
fondes, ou par des mots entre-
coupés. — Madame...... vous avez
bien de la bonté...... vous me faites
trop d'honneur...... » — Il ôsa un
instant lever les yeux sur la marquise, et la trouva adorable. Un

trouble inconnu pénétra aussi-tôt dans tous ses sens, et son cœur battit avec une nouvelle force. Il sortit charmé de cette visite, l'imagination remplie des attraits et des *divines* perfections de la marquise. Il s'en occupait délicieusement lorsqu'il avait le bonheur de se trouver seul. Qu'il lui tardait de revoir une femme aussi charmante, aussi accomplie !

M. de Vilville lui conseilla, au bout de quelques jours, d'aller faire sa cour à la marquise ; et il sentit alors une peine extrême à se rendre chez cette dame, à laquelle il avait tant desiré de présenter son hommage. Il prit cependant le chemin de l'hôtel, mais avec des palpitations violentes ; souvent il avait envie de retourner sur ses pas, et ne s'enhardissait que pour ne point éprouver les reproches de son oncle. Enfin, craignant et souhaitant qu'elle ne fut point chez elle, il arrive, la demande, et apprend en frémissant qu'elle est seule. A peine eut-il la force de se faire annoncer, et de balbutier les premiers mots d'un compliment, qu'il avait pourtant bien étudié. Madame de Benoisi le reçut avec un visage riant, bien propre à encourager tout autre, qui aurait su ce que signifie un sourire dans une jolie femme. Le pauvre Clitandre était loin de pouvoir profiter des avantages qu'on lui offrait; il ne s'était jamais trouvé dans un tel embarras; il sentait qu'il fallait parler, mais il n'imaginait rien qui pût lui faire entamer la conversation. Heureusement pour lui que la marquise lui demanda comment il trouvait Paris. Cette question le mit à même de commencer et de soutenir la conversation; il épuisa tout ce qu'on peut dire sur le cahos, sur les édifices de la Capitale, sur la pluie et le beau tems; encore y avait-il des momens où il gardait le silence, et qu'il n'avait la force de rompre que lorsqu'on lui adressait des questions nouvelles. Madame de Benoisi acheva de se convaincre combien notre jeune homme avait besoin de ses leçons, et elle forma le généreux dessein de se faire aider par l'amour et les plus doux plaisirs. Mais il fallait agir avec prudence, et s'assurer du cœur de son élève futur. Elle lui répéta qu'il serait toujours bien venu chez elle ; Clitandre balbutia quelques mots de remerciment ; et la conversation tomba tout-à-fait ; la marquise songeait au moyen de dissiper, avec décence, une pareille timidité, dont elle n'avait jamais vu d'exemple ; Clitandre cherchait en lui - même comment il ferait pour prendre congé sans affectation. Un laquais annonça une visite ; et il se hâta de s'éloigner. A peine eut-il perdu de vue madame de Benoisi, qu'il se désola du sot rôle qu'il venait de jouer auprès d'elle : il ne lui avait débité que des lieux communs, tandis que son cœur était rempli des choses les plus agréables. Il se promit de réparer sa faute une autrefois. Mais il continua déprouver la même contrainte, le même embarras, malgré les agaceries et le sourire non équivoque de la marquise. Honteux, désespéré de manquer jusqu'à ce point de hardiesse et d'usage, il aurait même cessé d'aller chez une femme trop séduisante et trop redoutable pour lui, s'il eût été le maître de se fixer à un tel parti. Vilville observait avec soin son neveu ; il voyait toujours dans ses manières cette langueur, cette gaucherie qui le désolait, et il ne cessait de l'inviter à faire des visites assidues à la marquise.

Enfin, le tems arriva où Clitandre devait perdre un peu de son air décontenancé et de son caractère timide. Il alla un matin chez madame de Benoisi ; il la trouva à sa toilette : un amant timide joue là un triste rôle. Ses yeux n'osaient fixer mille charmes. Ne sachant que faire

faire ni que dire, il badinait avec un petit chien. La marquise laissait en vain échapper un côté de son peignoir ; elle lui découvrait en vain un bras fait au tour. La marquise, impatientée, renvoya ses femmes, et pour commencer à enhardir le jeune homme, elle eut avec lui la conversation suivante. — « Clitandre, depuis que vous êtes à Paris, vous avez fait sans doute une maîtresse ? Il est difficile à un homme de votre âge de n'en point avoir. » — Clitandre rougit, chercha long-tems sa réponse. — » Moi, madame ! dit-il enfin, je n'aime point encore.» — Et un soupir attesta le contraire. — « Chevalier, reprit la marquise, en le fixant tendrement, vous ne me dites pas la vérité. Est-ce que vous vous piqueriez de discrétion ? elle serait peut-être déplacée avec moi, et je vous avertis qu'elle n'est pas à la mode. — Je défends mon cœur le plus qu'il m'est possible : il est des occasions où le respect nous force de recourir à l'indifférence. — Quoi ! aucune personne de mon sexe n'a pu encore vous plaire ? — Clitandre fit un effort pour s'armer d'un peu de courage, et prononça de suite ces paroles: — « Si toutes les femmes vous ressemblaient, madame la marquise, je sens que j'aurais eu de la peine à me défendre de leurs charmes. — Comment ! mon cher chevalier, vous êtes galant ! je savais bien que vous n'êtes pas aussi insensible que vous le paraissez. » — Il craignit d'avoir offensé la marquise. et eut la simplicité de chercher à se justifier. Il balbutia les mots de respect, de devoir, et se tut tout-à-coup, tenant ses yeux attachés sur le parquet. Madame de Benoisi eut pitié de son trouble, et crut avoir trouvé le moyen de l'en tirer. — « Il me vient une idée, lui dit-elle, je soupçonne que votre indifférence n'a pu tenir auprès de moi ? — Que penseriez-vous, madame, si j'osais vous faire un pareil aveu ? — Je dirais que du moins vous êtes sincère, ou que la politesse vous engage à feindre. Allons, découvrez - moi vos sentimens. — La crainte de vous déplaire doit me fermer la bouche. — Je serai indulgente ; avouez que vous m'aimez ? » — Clitandre ne répondit rien. La marquise s'approcha de lui. — « Le pauvre garçon, s'écria-t-elle, que je le plains ! il n'a pas la force de dire ce qu'il éprouve. » — Le chevalier fit un effort sur lui-même, il lui baisa la main. C'était beaucoup hasarder pour un homme si timide. Madame de Benoisi conclut de cette tentative que ses leçons réussiraient. Elle attendait de nouvelles preuves des progrès de son élève ; elle le regardait avec des yeux qui lui disaient de tout ôser ; l'instant était favorable ; mais Clitandre connaissait trop peu le monde, et encore moins les femmes, pour le mettre à profit ; il feignit qu'une affaire pressée le rappelait chez son

H 2

oncle , et sortit brusquement. Quand il se vit dans la rue, il respira : il lui semblait qu'il venait déchapper à quelque péril. Un instant de réflexion l'éclaira cependant ; il s'entit, avec un vif regret , qu'il n'avait tenu qu'à lui d'être beaucoup plus heureux , et s'encouragea à mieux saisir l'occasion , si elle se présentait encore. Pour madame de Benoisi , elle lui pardonna son départ précipité , dans l'espérance qu'il se formerait enfin , qu'il deviendrait plus entreprenant.

Il devint en effet plus hardi, sans s'en appercevoir. Il se rendit un jour chez la marquise, avec moins de crainte qu'autrefois. — « Vous dînez ici. lui dit-elle, nous serons seuls ; j'ai la migraine; vous me tiendrez compagnie : mais au moins soyez sage , méritez ma confiance. » — Clitandre promit de répondre à l'estime qu'il inspirait , et ne tint que trop parole. La marquise , à son tour , fut fort embarrassée ; elle ne savait comment dissiper une timidité aussi extraordinaire ; elle appréhendait d'en trop faire, et de n'en pas faire assez : les femmes ont un sentiment de pudeur qu'il leur est bien difficile d'étouffer, et qu'elles conserveraient d'avantage, si elles savaient qu'il ajoute infiniment à leurs charmes. Le chevalier ne parlait que par monosyllabes, et loin de profiter du tête-à-tête qu'on avait eu la bonté de lui accorder, il attendait que madame de Benoisi s'expliquât si clairement, qu'il n'eut aucun obstacle à redouter pour s'assurer de sa conquête : il était bien loin de songer qu'il est un sentiment secret que la femme la moins réservée n'ose pas toujours manifester, et que pour se rendre heureux il faut lui faire une espèce de violence. On vint annoncer que le dîner était servi, ce qui tira également d'embarras et notre jeune homme et la marquise.

Mais l'assurance de Clitandre ne

dura qu'un instant ; il eut à table
un maintien très-gêné ; il sentait
qu'il devait débiter des choses agréables à la jolie femme avec laquelle
il avait le bonheur de dîner tête-
à-tête ; et la parole expirait sur le
bort de ses lèvres. Il ne savait souvent que faire de sa fourchette, de
son couteau ; et ses yeux furent presque toujours baissés sur son assiette.
La marquise le servait avec soin et
sefforçait de le mettre à son aise.
Mais elle eut beau faire , on se
doute bien que le repas ne fut pas
très-gai. Lorsqu'on eut desservi,
elle le fit passer dans un charmant
boudoir, où tout annonçait l'asile
secret des plaisirs.

Madame de Benoisi se coucha à
demi sur un magnifique sopha,
laissant paraître un pied et une
jambe de la forme la plus volup-
tueuse ; et notre jeune homme prit
respectueusement un fauteuil à l'autre extrémité de l'appartement.—
« En vérité, s'écria-t-elle , il faut

que je sois folle. Quoi, me trouver seule avec un jeune homme! Que dirait-on dans le monde de mon imprudence si elle venait à se répandre? — On ne doute point de votre sagesse, madame. — Vous ignorez combien la méchanceté se plait à dénaturer l'apparence même d'une faute. — Il est donc important de ne lui donner aucune prise, et je vais me retirer. Dailleurs, je me souviens, peut-être un peu tard, que vous vous êtes plaint d'avoir la migraine; ma présence peut vous empêcher de goûter un repos nécessaire. — Ce que je vous disais n'était que pour vous faire appercevoir la confiance que j'ai en vous. Restez, ma tête est assez tranquille, je ne crains que mes vapeurs; j'ai besoin de dissipation. — Je me ferai toujours un devoir et un plaisir d'être soumis à vos ordres. — Je vous sais de votre complaisance tout le gré imaginable....... Mais approchez-vous, je ne prenais pas garde que vous êtes auprès de la porte. » — Clitandre inquiet, ému, plaça son fauteuil à côté de la marquise. — « Il fait aujourd'hui une chaleur horrible, reprit-elle; il y a de quoi étouffer. » -- En disant cela, madame de Benoisi découvrait presque en entier une gorge éblouissante. Clitandre, enflammé à la vue de tant d'appas, aurait volé dans les bras de la marquise: mais sa maudite timidité le retenait malgré lui. Etonnée de son immobilité, la dame chercha les moyens de l'en faire sortir : — « Savez-vous bien, mon cher chevalier, lui dit-elle négligemment, que vous avez l'art de vous faire aimer ? Peu de femmes pourront résister à votre mérite. — Je ne desire que l'estime d'une seule. — Vous pouvez me la nommer sans craindre que je trahisse votre confidence. — Elle n'est pas loin d'ici: c'est tout ce qu'il m'est permis de dire. » — La marquise garda le silence, enchantée de l'essor que prenait enfin son adorateur. Mais, au-lieu de donner une suite à sa déclaration, il se mit à feuilleter un livre qu'il avait trouvé près de lui. Madame de Benoisi, s'ennuyant d'un sang-froid qu'elle aurait cru devoir disparaitre devant ses charmes, demanda à son singulier amant s'il n'avait point affaire, et a outa qu'elle craignait d'abuser de sa complaisance. — « Toute mon envie, lui répondit-il, est de rester auprès de vous, tant que vous daignerez me le permettre. — Mes vœux sont conformes aux vôtres. Je ne sais quelle simpathie nous unit; je goûte dans votre société un charme qui m'était inconnu. Est-ce que vous auriez détruit l'indifférence qui jusqu'à présent fesait mon bonheur? » — Emporté par un mouvement dont il ne fut point le maitre, Clitandre tomba aux genoux de la marquise, en s'écriant qu'il était trop heureux, et il saisit une de ses mains, sur laquelle il ôsa imprimer ses lèvres.

— « Finissez (lui dit madame de Benoisi en soupirant, et s'attendant à d'autres tentatives), finissez.... »
— Notre jeune homme croyant l'avoir fâchée, se leva et se remit sur son fauteuil. Pour le coup, la marquise éprouva un violent dépit; elle courut se renfermer dans sa chambre à coucher, après avoir dit à Clitandre que sa migraine redoublait, et qu'elle était forcée de rester seule

Détestant sa timidité, il s'éloigna la rage et le désespoir dans le cœur. Il fut plusieurs jours sans ôser retourner chez madame de Benoisi, dont la colère se calma bientôt, et qui l'attendait avec impatience, persuadée qu'il commençait assez à s'instruire, pour réparer enfin ses torts. Entraîné par l'amour que lui inspirait la marquise, et par l'envie de se conduire avec plus de hardiesse, il se rendit en tremblant chez madame de Benoisi. Elle était encore dans l'heureux boudoir. Il y entra, palpitant de joie et de crainte. — « Je vous prie, lui dit-elle, d'être plus sage que l'autre jour ; vous êtes dangéreux, et la vertu peut s'oublier. — L'amour me servira d'excuse. — Laissez faire au tems, mon cher chevalier, votre tendresse obtiendra le prix qu'elle mérite. J'ai besoin d'être rassurée contre l'inconstance et l'indiscrétion des jeunes gens. » — Clitandre ne chercha point à répondre, il se contenta de regarder tendrement la marquise. Elle maudissait tout bas le peu d'habileté de son amant, lorsqu'un rien dissipa la timidité du jeune homme, et le rendit parfaitement heureux. La marquise laissa tomber son mouchoir, Clitandre aussi-tôt courut le ramasser ; elle se baissait alors, leurs bouches se rencontrèrent, il eut l'audace de lui dérober un tendre baiser ; un soupir l'encouragea à entreprendre d'avantage, et il n'éprouva qu'une douce et molle résistance, plus faite pour l'enhardir , que pour le rebuter. Cependant il n'attaquait qu'avec précaution , résolu de battre en retraite au moindre signe de mécontentement qu'il aurait apperçu. Son triomphe fut complet ; il eut alors lieu de connaître qu'il faut quelquefois être téméraire auprès des femmes.

Depuis ce jour fortuné , Clitandre ne fut plus le même ; sa timidité disparut en partie ; il eut des manières aisées , saisit les modes dans leur première nouveauté , et devint peu-à-peu un homme du bon ton.

Monsieur de Vilville s'apperçut bientôt du changement qui s'était fait dans son neveu , et se douta quelle en était la cause. Afin de le rendre tout-à-fait un cavalier accompli, il le présenta à la comtesse de Verneuil , soupçonnant qu'elle se ferait un plaisir de mettre la dernière main à son éducation. Cette comtesse joignait la taille la plus élégante à la plus jolie figure ; son grand

grand œil noir était vif et malin;
sa pétulance, ses caprices, sa coquetterie lui donnaient quelque chose
de piquant qui ajoutait à ses charmes.

Clitandre ne fut point insensible
à tant de perfections ni à tant de
charmans défauts il oublia madame
de Benoisi, ainsi que la reconnaissance qu'il devait à ses leçons; il
fut aisément la dupe des minauderies de la comtesse, qui ne se
proposait d'abord que d'attacher un
nouvel adorateur à son char, et
finit par éprouver un tendre penchant en faveur de celui qu'elle
avait trouvé très-ridicule.

Clitandre arriva un jour chez la
comtesse avant l'heure du cercle. —
« Je me félicite, lui dit-il, d'avoir
devancé les personnes que vous at-
tendez aujourd'hui; j'aurai la liberté
de vous exprimer mes sentimens,
pourvu qu'il me soit facile de vous
peindre ce qui se passe dans mon
cœur. — Voici du merveilleux

s'écria la comtesse ! Vous sortez de l'assoupissement où je vous ai vu plongé. N'oubliez jamais que pour être chéri, fêté dans le monde, il faut avoir une vivacité aimable, et ne point adopter un air contraint, embarrassé. — Peut-on manquer de faire des progrès, quand on est instruit par l'objet qu'on adore ? — Défaites-vous aussi de ce ton fadement galant ; il semble que vous me débitiez des maximes d'Opéra. Écoutez, chevalier, venez demain matin à midi ; ne vous présentez pas de meilleure heure : il serait du dernier provincial d'ignorer qu'une jolie femme n'est visible que bien tard. » — Il arriva du monde, et la conversation devint générale.

Le lendemain, à l'heure convenue, il vola chez la comtesse. midi était sonné, et à peine venait-elle de sortir du lit. — « Je vous attendais, lui dit-elle, pour me mettre à ma toilette ; je veux que vous y soyez utile. » — Clitandre protesta bonnement qu'il n'entendait rien à tout ce qui concernait la parure des dames. On lui commanda d'obéir, il fallut s'y résoudre. C'était un amusement que la comtesse voulait se donner, tout en l'assurant qu'elle lui accordait une faveur très-précieuse, dont beaucoup d'autres à sa place sentiraient tout le prix. Il fut obligé de dire son avis sur différens ponpons, sur la manière de poser une boucle; il lui fallut même seconder les femmes-de-chambre; mais il s'y prenait avec un tel embarras, il était si peu au fait, et sa main était si tremblante, que la comtesse riait aux éclats de sa maladresse: il était loin de posséder les talens d'un petit-maître élégant, d'un abbé colifichet. Le plus difficile et le plus plaisant, fut que la comtesse exigea qu'il lui mît son rouge : il eut bien de la peine à saisir la nuance nécessaire. Cette longue toilette s'acheva enfin. Madame de Verneuil se trouva à merveille: elle devait rendre visite à une femme; ainsi elle n'avait rien négligé pour relever l'éclat de ses charmes. Avant de s'éloigner, Clitandre pouvait exiger quelque faveur précieuse : il se contenta de porter respectueusement ses lèvres sur la main délicate de la comtesse.

Il entrait librement chez elle. Une après dînée, que la chaleur invitait au repos, il la surprit plongée dans un profond sommeil, et dans un désordre voluptueux. Il considéra en silence les charmes qui s'offraient à ses regards, sans ôser approcher de trop près, crainte de troubler la belle dormeuse. Il allait même se retirer sur le bout du pied, en se dissant à lui même : *Dieux ! si j'allais troubler son sommeil !* La comtesse indignée de le voir si timide ou plutôt si sot, fit un mouvement et feignit de s'éveiller. — « Je suis heureuse, lui dit-elle, que mon sommeil se soit dissipé; il vous aurait rendu téméraire. — Je le respectais, adorable comtesse,

et j'allais sortir de votre appartement. — Quoi ! s'écria madame de
Verneuil en éclatant de rire, vous
n'imaginiez point que je feignais de
dormir, afin de couronner votre
amour, sans paraître y avoir con-
senti ? — J'avoue que je n'avais
point cette idée. Mais mon bonheur
sera plus réel, si votre bouche m'assure que vous le partagerez. — Non,
monsieur ; je ne veux point d'un
écolier pour mon amant. Adressez-
vous à quelqu'autre femme qu'à
moi, qui en voudra prendre la
peine, pour recevoir les leçons dont
vous avez besoin. » — En achevant
ces foudroyantes paroles, la comtesse sonna, et dit à ses gens de
prévenir le suisse que désormais
elle ne serait plus visible pour le
chevalier Clitandre. Il se retira pé-
trifié, et avait la douleur d'entendre
dire autour de lui, par les laquais
et les femmes de la comtesse : —
« Sûrement que monsieur Clitandre
a été trop téméraire. » —

I 3

Cette mortification l'instruisit beaucoup plus que n'aurait fait un heureux succès. Il apprit qu'un amant timide est un personnage bien ridicule , et qu'en amour comme en toute autre chose , l'occasion perdue ne se retrouve presque jamais.

Comment l'esprit vient aux Filles.

ANECDOTE LVIII.

« Vous voilà dans un âge où la sagesse est bien persécutée, et quelquefois bien fragile , disait un jour madame d'Issoire à sa fille. Vous touchez à votre seizième année ; c'est la saison où le plaisir se peint à notre imagination sous les couleurs les plus séduisantes ; mais craignez qu'il ne soit suivi des regrets et du repentir. Les passions savent embellir le vice même, elles couvrent de fleurs l'abîme où elles nous précipitent. Je le sais, votre jeune cœur va palpiter, et l'amour fera tous ses efforts pour s'y introduire. Appliquez-vous à vivre dans l'indifférence jusqu'au jour de votre mariage; vous jouirez d'un calme heureux, vos jours seront purs et sereins. Les hommes vont s'empresser à vous plaire : ne prêtez point l'oreille à leurs discours, la flaterie, le mensonge les inspirent. Tant que vous serez insensible à leurs louanges perfides, à leurs sermens trompeurs, vous les verrez tendres et soumis; si les faussetés qu'ils débitent avec art vous charment, soyez sûre de ne trouver en eux que des censeurs malins qui s'applaudiront de vous avoir trompée, et qui riront de votre crédulité et de vos larmes. Les séducteurs qu'on appelle des amans promettent d'aimer sans cesse;

n'en soyez pas la dupe, ma fille; ils en disent autant à toutes celles qui ont le malheur de les écouter, et se font un jeu de l'inconstance et de la perfidie. »

Les yeux baissés et les mains jointes sur son busque, mademoiselle d'Issoire écoutait attentivement sa mère, sans rien comprendre au discours qu'elle lui tenait. A la fin du singulier sermon, elle promit à la vieille prêcheuse d'être obéissante et de rester toujours sage : si elle répondit si juste, ce fut machinalement, et sans songer à quoi elle s'engageait.

La jeune personne ne se piquait point encore d'avoir de l'esprit ; elle en ignorait jusqu'au nom. Sortie du couvent depuis peu de jours, où elle avait resté, ainsi que la mode l'exigeait, depuis sa tendre enfance; que pouvait-elle savoir? Son éducation avait pourtant été excellente, les vénérables mères s'étaient surpassées : mademoiselle d'Issoire fesait la révérence avec grâce, s'avait tricoter, coudre, broder, jouait de la vielle, était en état de chanter une douzaine de cantiques remplis donction. et sa mémoire était ornée de petits complimens faits à la louange de la supérieure, de la maîtresse des pensionnaires, et des autres révérendes sœurs embéguinées.

Mademoiselle d'Issoire était une charmante personne. Sa naiveté même lui prêtait de nouveaux attraits. ses yeux noirs et brillans avertissaient qu'elle ne serait pas toujours innocente. On la regardait comme un prodige, non-seulement à cause de sa beauté, de sa taille fine et dégagée, mais parce qu'à seize ans elle n'avait aucune idée de l'amour, et conservait encore toute la fleur de son innocence.

Madame d'Issoire veillait avec le plus grand soin sur sa fille ; l'entrée de sa maison était interdite à tous les hommes ; elle voulait que le

cœur de la jeune personne fut tout-à-
fait neuf, lorsquil serait question de
lui donner un époux. Ce projet peut-
être louable, mais il faut convenir
aussi que l'exécution n'en est pas
facile, et qu'on a furieusement à
faire lorsqu'on veut combatte la
nature et l'amour.

Eléonore (c'est le joli prénon
d'Issoire) jetta quelque tems des
regards d'indifférence autour d'elle;
tous les objets ne lui fesaient aucune impression. Mais cette espèce de
sommeil léthargique cessa par de-
grés ; elle se réveilla sans s'en
appercevoir, fit attention qu'il y
avait des hommes plus aimables les
uns que les autres, et que les jeunes
personnes de son âge paraissaient
beaucoup plus instruites qu'elle ne
l'était. Elle commença à rougir de
son ignorance, et à faire attention
qu'il se passait en elle quelque chose
de nouveau. Un trouble inconnu
vint l'agiter ; elle soupirai sans
chagrin. Sa poupée, son joli toutou,

ses oiseaux, lui devinrent indifférens ; ils n'étaient plus l'objet de tous ses desirs.

Ce changement commençait à peine à se faire dans la jeune Eléonore, dont l'ame naive ne pouvait en démêler la cause, qu'elle prit tout-à-coup le goût le plus vif pour la parure, et que son miroir lui apprit qu'elle était jolie. Elle sut en même tems, sans leçon, se mettre avec la dernière élégance ; sa main habile arrangeait avec grâce les boucles de ses cheveux, plaçait au mieux une aigrette, un bandeau d'amour, un chapeau leste et galant, et donnait à sa physionomie des grâces fines et touchantes. Voyait-elle une de ses amies mieux mise qu'elle, un secret dépit l'animait, et elle tâchait de la surpasser, ou du moins de l'égaler. Madame d'Issoire, étonnée des progrès de sa fille dans l'art de la parure, ne savait si elle devait la gronder ou l'applaudir ; et cédant, malgré elle, à ses prières, elle lui

achetait mille colifichets à la mode.
Elle trouva cependant l'occasion de
pouvoir lui faire une vive mercuria-
le, un jour que la petite personne s'a-
visa d'entr'ouvrir le léger fichu qui
couvrait sa gorge naissante.

Pourquoi mademoiselle Eléonore
se donnait-elle tant de peine? Pourquoi commençait-elle de si bonne-
heure à recourir aux prestiges de la
toilette, dont elle pouvait se passer?
La réponse à cette question est toute
simple. C'est qu'une jeune personne
desire de plaire avant d'en connaître la raison, et avant même de
savoir quel en est l'objet. Le premier
desir qu'éprouvent les femmes. est celui de briller et de paraître aimables:
la voix de la coquetterie se fait plutôt entendre à leur cœur, que celle
de l'amour

Mademoiselle d'Issoire était très-
curieuse. sans savoir ce qu'elle avait
à apprendre; elle écoutait tout attentivement, réfléchissait sur-tout ce
qu'elle entendait dire ; elle aurait
volontier

volontiers fait un grand nombre de
questions; mais sa trop rigide mere lui
avait déclaré sechement qu'elle n'aimait point que les jeunes demoiselles fussent questionneuses. On parla
un jour d'amant devant elle ; son
attention redoubla ; ce mot avait je
ne sais quoi d'agréable qui la ravis-
sait, qui lui fit palpiter le cœur. La
conversation, qui roula sur ce sujet si intéressant pour elle , ne
put éclaircir ses doutes , ni l'é-
clairer autant qu'elle l'aurait voulu. Dès qu'elle fut seule , tout ce
qu'elle venait d'entendre , lui revint dans l'idée; elle soupira . et se
tint à-peu-près ce petit colloque:
— Qu'est-ce donc qu'un amant? je
l'ignore; mais il me semble que cela
doit être bien aimable. On dit qu'il
est traître et dangereux : oh ! je
voudrais en avoir un, je l'apprivoi-
serais. Il serait bien méchant s'il
avait envie de me faire du mal, à
moi qui l'aimerais tant, qui serais
si bonne à son égard. Puisque la

plupart des femmes en ont un, sans doute qu'ils ne sont pas tous cruels, ou que, malgré leur méchanceté, ils procurent du plaisir. Pourquoi n'en ai-je point encore? Je suis aussi grande que mademoiselle Eulalie, qu'on assure en avoir trois ou quatre. Hélas! il ne m'en faudrait point tant; un seul me suffirait. Mais comment faut-il faire pour le trouver? Je n'en sais rien. » — Eléonore, affligée de n'avoir personne qui eut la bonté de l'instruire, jeta les yeux sur son miroir, elle sourit à sa phisionomie intéressante, arrangea sa coiffure, son fichu, et sentit se calmer son chagrin : une voix secrette l'assura qu'elle n'aurait pas de peine à trouver un amant.

Comment n'aurait-elle pas resté plongée dans cette ignorance peu naturelle de nos jours? J'ai déjà dit que madame d'Issoireéloignait tous les hommes d'auprès de sa fille ; elle avait soin aussi de lui interdire les livres amusans ; elle ne lui permettait de lire que des ouvrages de dévotion. La jeune personne ne serait encore qu'une agnès, si heureusement elle ne se fut liée d'amitié avec mademoiselle d'Hergasse. Leurs goûts et leurs humeurs simpathisèrent si bien ensemble, qu'au bout de deux jours de connaissance, elles ne pouvaient plus se quitter.

Mademoiselle d'Hergasse était une brune éveillée, piquante, et maligne comme un petit démon. Sa beauté lui attirait nombre de soupirans, que sa sagesse désespérait ou non; peu importe à notre histoire. Son âge surpassait de quelques années celui d'Eléonore. Sa mère, amie intime de madame d'Issoire, de retour du fond de sa province, courut l'embrasser; elle lui présenta sa fille, dont elle éleva les bonnes qualités jusqu'aux nues, et la pria de permettre que les deux jeunes personnes se vissent très-souvent madame d'Issoire ne put refuser son amie; elle lui accorda sa priere, après toutefois l'avoir prévénue des précautions qu'elle avait prises jusqu'alors, et elle se flata que mademoiselle d'Hergasse seconderait ses projets. C'est ainsi qu'Éléonore acquit une compagne à laquelle elle eut bientôt de grandes obligations.

La maligne d'Hergasse ne pouvait s'empêcher de rire de la simplicité de sa bonne amie. Elle lui en faisait souvent la guerre, et la piquait d'une noble émulation. — « Je m'étonne que tu sois si sotte, lui dit-elle un jour; à seize ans une demoiselle commence à savoir bien des choses. Douée de tous les dons de la nature, tu ne mérites pas de rester dans l'ignorance. Je me chargerais volontiers de ton éducation, si je ne craignais d'offen er ta mère. Elle a sans doute ses raisons pour te laisser toute ta naiveté. Elle ne peut t'enlever tes charmes ; mais elle laisse s'engourdir ton esprit, faute de l'éclairer. Elle retient ainsi les amans qui déserteraient d'auprès d'elle en ta faveur, et qu'elle reçoit en particulier, tandis qu'elle les éloigne de toi; comme si tu étais d'une laideur horrible. La ruse est assez nouvelle. — Quoi! vous pensez, s'écria Eléonore, que ma mère est la cause de mon peu d'esprit ? — J'en suis certaine, et son procédé crie vengeance. — Elle m'a toujours paru si bonne, si caressante! Elle devrait bien se faire un plaisir de me voir aussi savante qu'elle-même. — Elle n'y trouverait pas son compte. Les mères songent toujours à leurs intérêts, au grand dommage de leurs filles: il est si désagréable pour elles de perdre leurs adorateurs et de passer pour vieilles! — Tout ce que vous me dites, mon amie, dont je n'avais aucune idée, me prouve combien je suis ignorante. J'ai bien envie de n'être plus aussi simple; je m'apperçois que tout le monde se moque de moi. Comment faut-il que je fasse pour m'instruire? — Songe à te procurer un maître;

deux ou trois de ses leçons te seront suffisantes. — Ne pourriez-vous pas vous-même me les donner, ces leçons?—Elles ne feraient pas le même effet. » — Mademoiselle d'Hergasse éclata de rire ; Eléonore, dépitée, parla d'autre chose.

Cependant sa bonne amie n'avait nullement dessein de l'abandonner à l'ignorance; elle lui fesait trop pitié. Elle lui remit en cachette une brochure. — « Lisez cette charmante production ; vous en tirerez des lumières dont vous avez besoin. Pour mettre la dernière main à votre instruction , j'aurai soin de vous fournir les Romans les plus nouveaux; ce sont les meilleurs maîtres qu'on puisse donner à une jeune fille ; ils lui ouvrent l'esprit à merveille. Mais comme il est des mères jalouses et envieuses , ayez soin que la vôtre ne s'apperçoive point de vos lectures : elle craindrait peut-être que vous ne devinssiez trop savante. » —

Eléonore accepta froidement l'offre de son amie. Lorsqu'elle fut retirée dans sa chambre à coucher, au-lieu d'y jeter les yeux, elle mit le livre avec dédain dans le fond d'un tiroir. Elle l'y laissa, par nonchalance, au moins huit jours. Pouvait-elle se figurer les plaisirs d'une lecture amusante, et combien elle fait passer de doux momens ?

L'envie la prit un soir de feuilleter son livre. Elle en lut quelques pages, bâilla, le laissa tomber de ses mains, et s'endormit. — « Cela est utile en effet, se dit-elle le lendemain; un livre fait venir le sommeil; on ne peut trop l'estimer. » — En se couchant, elle voulut s'assoupir plutôt, et recourut à l'agréable Roman. Mais il avait sans doute perdu sa vertu ; bien loin de l'ennuyer, il l'affecta insensiblement. L'héroïne était fort jolie et très - tendre; une foule d'amans l'assiégeait, et se disputait sa conquête; un seul avait trouvé le chemin de son cœur ;

mais des parens impitoyables lui défendaient de le voir; il en résultait que leurs amours étaient traversées par mille obstacles. Eléonore lut tout de suite la première partie, qui finissait à une situation des plus intéressantes. La jeune personne fut désolée de n'avoir pas la suite, et courut la chercher le lendemain de bonne heure.

Ce fut ainsi que mademoiselle d'Issoire apprit ce que c'était qu'un amant; cette connaissance lui fit ardemment desirer d'en trouver un aussi fidèle, aussi passionné que le héros du livre qui lui faisait tant de plaisirs: elle était bien sûre d'aimer autant que l'héroïne.

La petite personne prit un goût très-vif pour les romans; son amie pouvait à peine satisfaire à l'empressement qu'elle avait d'en lire. Mais il ne lui était pas facile de se livrer à cet amusement innocent et dangereux; sa mère, inquiette, l'obligeant de lui tenir presque toujours compagnie , troublait furieusement ses lectures. Quand il lui arrivait d'être seule, aussi-tôt elle tirait un livre de sa poche; et, le cœur palpitant de crainte et de plaisir, elle le parcourait avidement. Malgré l'intérêt que l'on prenait à la charmante brochure, on avait une oreille attentive au moindre bruit; et zeste, dès qu'on entendait venir sa mère, on serrait à la hâte le roman chéri, on se remettait à l'ouvrage, comme si de rien n'eût été. Eléonore ne pouvait lire un peu plus à son aise, que lorsqu'elle était au lit; encore fallait-il prendre mille précautions. Madame d'Issoire grondait souvent sa fille de ce qu'elle appercevait de la lumière dans sa chambre pendant la nuit. La jeune personne trouvait un prétexte pour s'excuser, et redoublait de soins, afin de n'être pas surprise. Les rideaux étaient exactement fermés, chaque petite ouverture était bouchée presque hermétiquement, et elle plaçait sa bougie dans une machine faite exprès, qui en recelait tous les rayons.

Mais quel fruit tira-t-elle de ses lectures ? Sa naïveté disparut peu-à-peu ; son esprit sortit du cahos où il était enfoncé ; elle n'eut plus l'air d'une idiote ; elle fut en état de soutenir une conversation raisonnable. Les tendres aventures qu'elle lisait lui faisaient prévoir la douceur dont on jouit avec un amant ; et le trouble de son cœur la lui peignait encore plus délicieuse, et la faisait soupirer après une conquête digne d'elle.

Madame d'Issoire ne tarda point à s'appercevoir que l'ignorance de sa fille se dissipait, et que ses connaissances n'étaient plus aussi bornées qu'elle l'aurait voulu. Mais elle attribua tous ces changemens aux dispositions naturelles d'Eléonore, et sur-tout à la fatalité qui veut qu'une jeune fille ne soit pas long-tems ignorante.

Madame d'Hergasse n'avait jamais eu l'injuste politique de sa vieille amie : elle ne s'érigeait point en tyran de celle qui lui devait le jour ; elle était persuadée que la vraie vertu se garde d'elle-même, et que lorsqu'on veut forcer une jeune personne d'être sage on ne réussit pas souvent, ou qu'on ne fait que des hypocrites. Elle lui accordait donc une honnête liberté ; et lui permettait de recevoir compagnie, tandis qu'elle allait faire un wisth ou un brelan, dans des sociétés qui déplaisaient à mademoiselle d'Hergasse.

Le chevalier de Zerphin était un des plus assidu à lui faire la cour. Il venait presque chaque jour étaler devant-elle ses grâces sémillantes, ses bijoux, son persifflage, et les qualités frivoles qui séduisent le cœur de toutes les femmes. Les défauts dont il était rempli le rendaient un homme du bon ton, et le faisaient paraître tout-à-fait charmant. Il connaissait trop le monde pour avoir une maîtresse *éternelle*;

il n'avait garde de se rappeler ses sermens : il se serait fait siffler s'il s'était piqué de constance.

Mademoiselle d'Hergasse ne fut point la dupe de ces dehors brillans ; elle répondit en plaisantant aux galantes déclarations ; des discours enjoués étaient tout ce qu'il pouvait en obtenir. Piqué d'un si mauvais succès auquel il n'était point accoutumé, il se retourna du côté de mademoiselle Éléonore. Il l'avait d'abord dédaignée, la regardant comme une belle idole ; mais il s'avisa de faire plus d'attention à la physionomie de cette agnès, il y démêla quelque chose de piquant, la plaignit d'être si simple, forma le généreux dessein d'avoir des bontés pour elle et d'en faire son écolière.

La jeune Éléonore, naïve et sans expérience, ajouta foi aux protestations d'amour du chevalier. Il lui jura, selon sa coutume, de l'adorer sans cesse, et de mourir plutôt que de lui être infidèle. Enfin il débita

tant

tant de belles choses , que le cœur d'Eléonore s'enflamma . et que la voix de sa raison fut sans force pour la prémunir contre le danger qu'elle courait.

C'était chez mademoiselle d'Hergasse que les deux amans avaient le plaisir de se voir. Elle s'apperçut bientôt que son adorateur si constant avait déjà changé , et que son amie lui enlevait sa conquête ; mais elle ne s'en plaignit point, soit en faveur d'Eléonore , soit qu'elle se consolât bien vite de la perte du chevalier. Elle le surprit un jour aux genoux de sa rivale , et n'en fit que rire.

Tout annonçait à monsieur de Zerphin qu'il était tendrement aimé, et qu'il ne lui serait pas difficile de remporter une entière victoire. Tout autre que lui aurait respecté l'innocence , et n'aurait point envié d'autre bonheur que celui d'avoir obtenu un tendre aveu. Mais il avait une antipathie invincible pour le mariage , et, accoutumé à tromper et à

Tome I I.   L.

séduire les femmes, il ne pouvait
s'empêcher de suivre son funeste
penchant. Il n'attendait que le moment propice, et craignit long-tems
que ses vœux ne fussent point com-
blés: il était difficile de trouver une
occasion favorable. Le hasard la fit
naître lorsqu'il s'en flatait le moins.
Madame d'Hergasse fut priée d'un
repas, après lequel il fallait jouer
gros jeu; sa fille, dispensée, pour
cette raison, de la suivre, envoya
prier madame d'Issoire de permettre
qu'Eléonore lui tint compagnie, et
dînât avec elle, parce qu'elle avait
une migraine affreuse. La mère
d'Eléonore se rendit à ces instances.
Les deux bonnes amies se mirent à
table, en se promettant de bien se
réjouir. Au dessert, on vint avertir
mademoiselle d'Hergasse qu'une de
ses parentes se mourait, et deman-
dait à la voir: elle engagea Eléonore
à l'attendre, en lui faisant espérer
qu'elle reveindrait le plutôt possible. Une heure après qu'elle fut

sortie, le chevalier arriva, conduit par son heureuse étoile.

Qu'on juge de ce que ressentit Eléonore; elle se voyait seule, et peut-être pour long-tems, avec l'objet de toute sa tendresse. Un trouble inconnu s'empara de ses sens; elle trembla sans trop savoir pourquoi. Le chevalier résolut de mettre à profit l'heureuse circonstance où il se trouvait; il la pressa de lui donner des preuves de l'amour qu'elle lui avait juré, et de faire son bonheur. Mademoiselle Eléonore eut la force d'opposer le devoir, la vertu; les discours, les transports de son amant faisaient sur elle une vive impression : voit-on un trompeur dans l'objet qui nous est cher? Cependant elle se défendait encore. Le chevalier, étonné d'une résistance qui lui paraissait inouie, eut recours au grand moyen de subjuguer une belle, moyen qu'un suborneur tient à l'arrière-garde, pour s'en servir quand tout est désespéré.

L 2

Il parla de mariage, promit d'épouser dès que les parens seraient d'ac-
cord . et fit observer que quand
même il arriverait que son amante
devint enceinte , cet incident ne
ferait que hâter un hymen après lequel il soupirait. Il accompagna ces
prétendues raisons , de caresses si
tendres . si vives , que la sagesse
d'Eléonore ne battit plus que d'une
aile ; les forces lui manquèrent ; et
le chevalier fut le plus fortuné des
hommes...... ou , pour mieux dire,
le plus coupable et le plus perfide.

Qu'on ne s'étonne point si l'héroïne de cette histoire se laissa si facilement abuser : il est plus aisé de
triompher d'une jeune fille innocente et vertueuse , que de ces
femmes instruites qui se sont fait
une habitude du plaisir et des
remords.

La crédule Eléonore n'avait accordé sur son honneur une entière
victoire , que dans l'espérance de
s'unir à son cher chevalier. Mais le

traître, ainsi qu'on s'en doute bien, eut à peine obtenu tout ce qu'il avait desiré, qu'il méprisa une beauté trop confiante, et vola chercher de nouvelles dupes. Afin de se débarrasser plus facilement de l'infortunée qu'il avait séduite ; afin de ne point entendre ses reproches, il se priva d'aller chez mademoiselle d'Hergasse.

Il me serait impossible de peindre la douleur d'Eléonore quand elle vit s'écouler plusieurs jours sans qu'elle entendît parler de son amant. Elle craignit qu'il ne lui fut arrivé quelque accident fâcheux. Mais que devint-elle, en apprenant qu'il allait chaque soir étaler ses grâces aux spectacles, et dans les sociétés, où il était reçu à bras ouverts! Une personne raconta, devant elle, qu'elle avait vu le chevalier de Zerphin à l'Opéra, qu'elle s'était trouvée avec lui à un soupé charmant, dont il avait fait les délices. Ne pouvant plus douter de sa perfidie, elle faillit mourir de désespoir. Sa situation était d'autant plus douloureuse, qu'il lui fallait s'efforcer de dissimuler sa tristesse, dans la crainte de faire soupçonner l'état violent de son ame. C'est ainsi qu'une fatale expérience instruisit mademoiselle d'Issoire, lui apprit que les hommes ne sont que des volages, des fourbes, des trompeurs, et que les plus aimables sont souvent les plus dangereux.

La désolée Eléonore se résolut à déposer ses chagrins dans le sein de son amie, et lui fit, en rougissant et fondant en larmes, l'aveu de toute sa faiblesse. — « Quoi, vous avez été assez simple pour le croire, s'écria mademoiselle d'Hergasse! Il fallait prendre mes conseils; je vous aurais retenue sur le bord du précipice. Il fallait réfléchir du moins. — Eh! en étais-je capable? Le barbare s'était emparé de toutes les facultés de mon ame. — C'est l'espoir du mariage qui vous a perdue, ma bonne amie. Vous deviez savoir que ce n'est qu'une ruse dont les hommes se servent pour nous tromper. — Il me paraissait si amoureux, si vrai ! — Voilà comme ils sont tous, ils savent se contrefaire à merveille. Que cette première faute vous serve de leçon ; apprenez à éviter les piéges. Vous avez le cœur tendre, ma chère ; c'est un grand malheur quand on n'a pas de raison. — Je m'en punirai, je vais me jeter dans un cloître. — Ne soyez point assez enfant pour vous affliger outre mesure. Nous ne verrions que des belles désolées, si les filles de notre âge ne cachaient prudemment les afflictions qu'elles éprouvent dans des cas pareils aux vôtres. — Je découvrirai à tout le monde la mauvaise foi du volage, on me plaindra sûrement, et je le ferai détester. — Vous commettriez une folie aussi grande que celle que vous avez déjà faite. Ensevelisssez dans le silence le malheur qui vous est arrivé.

Votre infortune ferait rire au-lieu d'inspirer la pitié. Dans notre siécle, on ne plaint pas les gens pour si peu de chose: le sentiment de la compassion serait bientôt usé, si l'on s'attendrissait en faveur de toutes celles qui vous ressemblent. Croyez-moi, ne dites rien de votre aventure : vous n'en serez pas moins estimée. » —

Mademoiselle d'Hergasse parvint à consoler, en partie, la pauvre Eléonore. Mais ce qui acheva de lui faire oublier son perfide amant, c'est que sa mère la maria brusquement à un riche campagnard, qui s'avisa de venir prendre femme à Paris.

Le bon-homme était un parti considérable, ses épargnes, ses lésineries avaient rempli son coffre-fort, et il possédait un vaste domaine. Il avait aussi assez de raison pour fuir la cour, et pour vivre sans ambition dans l'héritage de ses pères, au milieu de ses bons paysans.

Quel dommage qu'il ait fini par une sotise aussi grande que celle de venir se marier à la ville! Il fut au comble de la joie, le jour qu'il s'unit à mademoiselle d'Isoire, il se flatait d'avoir rencontré, dans la Capitale, un trésor qu'on aurait peine à trouver en province. La mère de sa nouvelle épouse lui disait souvent ce jour-là : — « Vous obtenez une *fille* accomplie ; soyez sûr d'acquérir une *fille* qui méritera toute votre tendresse ; je réponds d'Eléonore comme de moi-mème. » — Et lui s'écriait dans son allégresse : — « L'aimable *fille !* que je la chérirai! Voyez, mes amis, la charmante *fille* qui va faire mon bonheur. » —

J'ignore si le gentilhomme campagnard fut détrompé: s'il le fût, il ne s'en est point vanté. Pouvait-il espérer de mieux choisir que tant d'honnêtes gens qui se méprennent tous les jours? Une jeune personne vraiment sage, qui attend l'hyménée avec patience, sans faire le moindre faux-pas, est un véritable phénix, un phénomène extrêmement rare.

Les dangers de la Ville.

ANECDOTE LIX.

SE flattant d'être plus heureuse que dans son village, une jeune paysanne se rendit à Paris, et dépensa justement en route le peu d'argent dont elle s'était munie. Elle n'avait même pris ni certificat de son curé, ni aucune recommandation pour qui que ce fût, elle croyait, qu'aimant le travail, on s'empresserait de lui donner de l'ouvrage, et qu'elle ne pouvait manquer d'inspirer un tendre intérêt. Cette bonne paysanne jugeait des habitans des villes d'après la façon de penser franche et

confiante des habitans de la campagne. Mais quand elle fut arrivée
dans Paris, elle se sentit comme
perdue dans un cahos immense. les
premières personnes à qui elle s'a-
dressa pour leur demander un asile,
ou pour les prier de lui en indiquer
un, la rebutèrent avec dureté, per-
suadées que c'était une aventurière
dont les mœurs devaient être fort
suspectes: d'autres lui rirent au nez
sans daigner lui répondre. Alors cette
infortunée connut que les créatures
humaines sont souvent sans huma-
nité; et elle se vit réduite à errer dans
les rues, ignorant où elle trouverait
un morceau de pain et un asile pour
se mettre à l'abri des injures de l'air.
Il ne lui vint point dans l'idée d'y
demander l'aumône, parce qu'elle
s'était rendue à Paris, non dans le
dessein de mendier lâchement sa
subsistance, mais pour y gagner sa
vie par un travail honnête. Sa situation lui parut sur-tout affreuse
lorsque la nuit en eut augmenté l'hor-

reur ; des larmes abondantes et des cris plaintifs lui échappèrent dans ces cruels momens, tandis que roulaient autour d'elle les chars élégans d'une infinité de riches plongés dans la mollesse et l'insouciance. Qu'elle déplorait amèrement sa faute d'avoir quitté le séjour de la campagne, où tous les villageois ne semblent former qu'une seule et même famille! Les gémissemens de son désespoir furent enfin entendus par un homme d'un certain âge; il la fixe, et la trouvant jeune et jolie, elle lui parut intéressante. Suivez-moi, lui dit-il, j'ai une place de servante à vous procurer. Aussi-tôt elle essuie ses larmes et marches sur les pas de son bienfaiteur, revenant avec joie à la douce idée que les hommes sont aussi obligeans dans les villes que dans les villages. Elle est conduite dans une petite chambre, et soupe tranquillement avec celui qui s'était offert pour la secourir. Mais, après le frugal repas dont elle avait tant besoin, elle apprit

apprit à connaître par quel motif, dans la Capitale, on cherche souvent à obliger les jeunes filles; l'homme qui n'était bienfaisant à son égard que par libertinage, lui déclara qu'il n'avait qu'un lit, et lui fit des propositions qui durent d'autant plus la révolter, qu'elle n'était point accoutumée à respirer l'air empoisonné des villes. Elle résista avec l'ingénuité de l'innocence et le courage d'une paysanne honnête; l'indigne suborneur, repoussé plusieurs fois d'un bras robuste, fut obligé de la laisser passer la nuit sur une chaise. Le lendemain, plus piqué que charmé de la sagesse de cette infortunée, il eut la barbarie de la mettre à la porte; mais en la congédiant, entraîné par ce sentiment impérieux, qui force souvent l'homme le plus dur à secourir son semblable, il lui donna un billet de la Loterie nationale, et l'assura que si elle n'était pas destinée à être toujours malheureuse, le présent qu'il

lui faisait pourrait un jour lui rapporter quelque chose. La pauvre fille,
après avoir erré plusieurs heures
dans différens quartiers de Paris,
s'arrêta de l'assitude dans la petite
rue de Saint-Magloire, près de la
boutique d'un marchand de bas ;
assise sur une pierre, elle réfléchissait à sa triste situation, et de grosses
larmes coulaient le long de ses joues.
Le marchand bonnetier qui, en robe-
de-chambre et en pantouffles, se tenait sur le seuil de sa boutique, fut
frappé de l'extrême douleur de la
jeune paysanne, et la pria obligeam-
ment de lui en apprendre la cause.
Elle lui fit un récit fidèle et de son
imprudence d'avoir quitté son village, et de l'asile que lui avait accordé
pendant une nuit un homme qui avait
taché de la séduire, et ne lui avait
donné pour toute ressource , en la
renvoyant le matin, qu'un petit morceau de papier , dont elle ne pouvait
déchiffrer l'écriture , attendu qu'elle

ne savait ni lire ni écrire. Le marchand s'étant fait montrer ce papier, vit que c'était un billet de loterie du tirage prochain ; et touché du danger que courait cette jeune paysanne, il l'adressa à de bonnes gens de sa connaissance, non loin de chez lui, qu'il chargea d'en prendre soin, jusqu'à ce qu'il eût avisé au moyen de la renvoyer dans son village, ou qu'il lui eût procuré une place. Cet estimable marchand voulut garder le billet de Loterie, jusqu'au jour du tirage, dans la crainte qu'elle ne vînt à le perdre. Qu'il eut lieu de se féliciter de la précaution qu'il avait prise, lorsque la liste des numéros ayant paru, au bout de quelques jours, il vit que ce billet avait gagné un quaterne! Il se hâta d'apprendre cette agréable nouvelle à sa protégée, qui retourna dans son village, où elle acheta une ferme assez considérable, dirigée par les conseils du vertueux marchand, et se maria

M 2

très-avantageusement au fils d'un riche fermier, qui lui plaîsait beaucoup plus que les autres garçons de sa connaissance, et avec qui elle passa des jours très-heureux.

F I N.

TABLE

TABLE

Des Anecdotes contenues dans ce Volume.

pages.

LE Stratagême innocent. 1

Les prestiges de la Toilette. 6

L'Escroc titré ou la Supercherie amoureuse. 15

Comment les Femmes sont
amies. 21

L'Amant Vindicatif. 25

Le Faux Bienfaisant. 28

a

ij *TABLE.*

L'Épreuve délicate.   30

Le Duelliste.   33

L'Abbé - Dragon et le Dragon-
    Abbé.   36

L'Abbé et sa Gouvernante. 39

Le prétendu Enragé.   41

L'Assemblée Nationale.   43

Le bon Patriote.   44

Le Monseigneur.   45

Le plaisant à - compte.   54

La Liberté Morale.   56

La Nouvelle Parvenue,
    ou Madame Angot.   57

Le Jeune Vieillard.   58

Le singulier Filou.   64

T A B L E. iij

Le rendez-vous manqué. 68

Le Refus excusable. 71

Les Intérêts de l'Amour. 73

L'Amant timide. 75

Comment l'esprit vient aux Filles. 182

Les dangers de la Ville. 130

FIN de la Table.